U0736688

职业教育信息化
创新引领与实践研究

马 慧 编著

中国海洋大学出版社
·青岛·

图书在版编目(CIP)数据

职业教育信息化创新引领与实践研究 / 马慧编著.

青岛：中国海洋大学出版社，2024.10. — ISBN 978-7-5670-3971-1

Ⅰ. G712

中国国家版本馆 CIP 数据核字第 2024QZ6295 号

Research on the Innovative Leading and Practical Exploration of Informationization in Vocational Education

出版发行	中国海洋大学出版社
社　　址	青岛市香港东路 23 号　　　　邮政编码　266071
出 版 人	刘文菁
网　　址	http://pub.ouc.edu.cn
电子信箱	369839221@qq.com
订购电话	0532-82032573(传真)
责任编辑	韩玉堂　李　燕　　　　　　　电　　话　0532-85902349
印　　制	蓬莱利华印刷有限公司
版　　次	2024 年 10 月第 1 版
印　　次	2024 年 10 月第 1 次印刷
成品尺寸	170 mm×240 mm
印　　张	13.375
字　　数	220 千
印　　数	1～1000
定　　价	68.00 元

如发现印装质量问题,请致电 0535-5651533,由印刷厂负责调换。

前言 Preface

现代教育信息化是在全球信息化的大背景下产生的,信息技术是当今世界更新速度最快、通用性最广、渗透力最强的高技术之一,信息化是对人类生产生活方式影响最为深刻、对世界文明影响最为深远的高技术之一。

我国对于现代教育信息化一直十分重视。《国家中长期教育改革和发展规划纲要(2010—2020年)》专设一章阐述现代教育信息化,将其列为十个重大发展项目之一。现代教育信息化是促进教育改革创新和提高教育质量的有效途径,是教育发展的创新前沿。应进一步加强基础设施和信息资源建设,重点推进信息技术与现代化教育的深度融合,促进教育内容、教学手段和方法现代化,创新人才培养、科研组织和社会服务模式,推动文化传承创新,促进现代教育质量全面提高。

为全面推进我国现代教育信息化发展进程,支持现代教育信息化建设,笔者在广泛研究了大量相关资料的基础上,结合自身的实践经验和研究成果,以现代教育信息化创新与实践为主题,撰写了这本《职业教育信息化创新引领与实践研究》。

本书写作过程中,笔者力求做到收集全新资料、整理最新进展、得出有效结论,在符合学术规范的基础上实现易读性、可视化。但由于笔者的水平和经验有限,书中不足之处在所难免,诚恳地期望读者提出宝贵的意见和建议,在此表示衷心的感谢。

马　慧

2024年7月

目录 Contents

第一章　职业教育信息化概述

第一节　职业教育信息化的内涵与特征

一、职业教育信息化的内涵

1963 年,日本学者 Tadao Umesa 首先提出了"信息产业的时代"这一概念,到 1967 年,日本社会开始使用"信息化"(informatization)一词。这里的"信息产业"和"信息化"都是从产业的角度来阐述的。1997 年 4 月,中国第一次信息化工作会议正式提出"国家信息化体系"的概念。

教育信息化是指利用先进的计算机技术、网络技术实现校园网络化、管理科学化和信息资源数字化,其是在国家统一计划、组织和推动下,应用现代信息技术(计算机技术、多媒体技术、网络技术、通信技术等),通过各种渠道,充分利用软、硬件资源,加速教育现代化的进程。教育信息化的过程是教育思想、教育观念转变的过程,是以信息的观点对教育系统进行分析和认识的过程。只有在新的教育理念指导下,信息技术的应用才是我们所需要的教育信息化。

职业教育信息化是在职业教育领域实现信息技术与教育整合的过程,即在职业教育领域全面深入地运用现代信息技术来促进教育教学改革和发展的过程,并形成一种全新的教育形态。

二、职业教育信息化的特征

对职业教育信息化的特征可以从技术层面和教育层面加以考察。从技术层面来看,职业教育信息化的基本特征是职业教育的数字化、网络化、智能化和多媒体化。从教育层面来看,职业教育信息化的基本特征是职业教育的开放性、共享性与协作性。我们把职业教育信息化看作一个追求教学信息化的过程。信息化教学具有教材媒体化、资源全球化、学习自主化、活动合作化、管理自动化、环境虚拟化等显著特点。

信息化教学为我们展现了未来教育的美好前景，但是职业教育信息化是一个不断适应社会发展的过程，因为信息技术的应用不会自发地创造教育奇迹，它可能促进教育革新，也可能强化传统教育。任何技术的社会作用都取决于它的使用者。

在信息化教学环境中，教育设施和教学手段改变了，则教学方法和教学模式也必将革新，而教育模式的改变首先取决于教育思想和教育理念的改变。在传统教学活动中，教师是教学活动的主体，知识是由教师传输给学生的。而新的教学观念是：教师是学生学习活动的指导者和帮助者，知识是由学生根据自己头脑里的认知结构而自主建构的。

第二节 职业教育信息化的发展历程与现状

一、教育信息化的发展历程

(一)起始阶段(20 世纪 80 年代)

1978 年 3—4 月，全国科学大会和全国教育工作会议先后召开，强调教育的作用，提出教育要"更有效地为农业现代化和其他三个现代化服务"。

1978 年 11 月，《人民教育》刊发短评，提出"要实现四个现代化，必须大大加快教育现代化的步伐"，教育作为条件、工具出现在学界研究中。

20 世纪 80 年代初，我国开始大力推进教育改革，教育现代化成为贯穿其中的重要理念。

1983 年 10 月，邓小平为北京景山学校题词："教育要面向现代化，面向世界，面向未来。"1985 年 5 月颁布的《中共中央关于教育体制改革的决定》进一步将"三个面向"作为我国教育工作的指导方针，强调要培养掌握现代科学与技术的各级各类人才。

我国中小学计算机教育实验正是在这样的政策背景下起步的。

(二)稳步发展阶段(20 世纪 90 年代)

1991 年 10 月,第四次全国中小学计算机教育工作会议在山东济南召开,时任国家教委副主任的柳斌同志做了总结报告。报告从提高思想认识、加强领导和规划的宏观角度肯定了我国发展计算机教育的决心,提出了我国中小学计算机教育的发展方针,指出计算机在中小学的普及和计算机教育水平的提高将是一个很长的历史过程,各地要积极进取、因地制宜、从实际出发,逐步扩大计算机教育的速度和规模。

1992 年,国家教委发布《关于加强中小学计算机教育的几点意见》。该意见对我国 20 世纪 90 年代计算机教育的规划制定、经费投入、师资队伍和教材建设、硬件环境选配、教学软件的开发管理等方面进行了较为细致的规划。

1993 年,为适应加快改革开放和现代化建设的需要,国家发布《中国教育改革和发展纲要》,提出"建立起比较成熟和完善的社会主义教育体系,实现教育的现代化"的长远目标。

1994 年,中国教育和科研计算机网(CERNET)开始联通国际互联网。

1995 年,我国开始实施科教兴国战略,教育领域的信息化进入全面发展时期。

20 世纪 90 年代末,我国教育信息化建设的总体方针是根据全国各地社会经济发展不平衡的情况,分层逐步推进信息化教育:第一层面是以计算机多媒体为核心的教育技术在学校的普及与运用;第二层面是开通网络,利用好网上资源;第三层面是开办远程教育,提供广泛的学习资源,不断满足社会终身教育的需求。在实际的建设过程中,重点是推动中国教育和科研计算机网(CERNET)、中小学"校校通"、高校"数字校园"等的建设。

(三)全面推进阶段(21 世纪初至今)

1999 年 6 月,《中共中央、国务院关于深化教育改革全面推进素质教育的决定》发布,指出要"大力提高教育技术手段的现代化水平和教育信息化程度"。它吹响了新世纪我国基础教育信息化普及发展的号角,标志着我国教育信息化迈进了新阶段。

21 世纪的第一个 10 年,我国教育信息化的总体规划强调做好三项工作:一是在中小学普及信息技术教育;二是网络的普及和应用,让学生学会充分利用网上资源;三是大力发展现代远程教育,全面实施"校校通"工程,特别要重点扶持和发展农村中小学信息化基础设施建设和人才培养。

2016 年发布的《中华人民共和国国民经济和社会发展第十三个五年规划纲要》"推进教育现代化"章节中明确指出,要"推动现代信息技术与教育教学深度融合",并将以"三通两平台"为标志的"教育信息化"列为"教育现代化重大工程"。同年 6 月,教育部发布的《教育信息化"十三五"规划》为我国此后五年的教育信息化发展在提升教育质量、促进教育公平、推进教育现代化和服务社会经济发展等方面提供了翔实蓝图。

2018 年 4 月,教育部印发的《教育信息化 2.0 行动计划》提出,推进"互联网+教育"发展,加快教育现代化和教育强国建设。这标志着我国教育信息化从 1.0 时代进入 2.0 时代。该计划对之后五年教育信息化工作的主要目标、任务和推进路径进行了详细规划。

二、职业教育信息化发展现状

根据教育部编制的《职业教育信息化发展报告》(2021 版)(以下简称《报告》),超过 74% 的职业院校教师正利用信息化技术来教学,学生对信息化教学效果的认可度超过 58%,对虚拟仿真实训认可度高达 90%。根据十大职教在线学习平台数据,58.2% 的学生认为学习效果更好了,55.3% 的学生认为协作学习变多了。从以上数据我们不难发现,职业院校对信息化技术的应用已步入常态化、深度化的阶段。《报告》显示,职业院校学校层面的信息化系统建设水平有了较大的提升。

超九成职业院校的教务管理系统已经完善,超六成职业院校的学生管理系统、人脸识别系统、图书管理系统、一卡通管理系统、财务管理系统、资产管理系统等已经趋于完善。《报告》进一步指出,随着产教融合的进一步扩展,校企共享的信息服务建设有了显著提升,2018—2021 年的 4 年间,建设图书和数字资源共享系统、岗位实习管理系统的院校比例上升了 15 个百分点,校企合作信息发布服务建设率则上升了 29 个百分点。

尽管职校信息化建设有了质的提升,但职校信息化进一步发展过程中仍存在一些不可忽视的问题。

教师信息化素养方面。教师信息化素养主要表现为两个方面,一是思想认识方面,二是业务能力方面。在思想认识方面,部分教师没有意识到信息化给职业院校的教学与学生管理带来的深刻变革,更没有意识到教育数字化对国家科技进步的引领作用,依然执着于一套传统的、固有的教育理念和教学方法,同时对职业教育信息化的理解流于表面,认为教育信息化就是利用多媒体听歌、看视频,用电脑下载课件、上网、播放 PPT。实际上以计算机为基础的办公自动化、公共资源教学平台、软件应用技术、虚拟仿真技术等都是提升教学与管理质量和效率的有效资源,更是提升职业教育信息化水平的重要条件。

教师业务能力方面。虽然现在职院教师整体具备了基础的信息化教学能力,但学校需要教师对信息技术与职业教育教学深度融合,利用信息技术激发学生的学习潜力。实际情况是,还有很多教师应用信息技术模式单一、方法简单,信息化教学能力和水平还有很大提升空间。因此,职业院校必须重视培养教师的信息化素养,提高教师的信息技术应用能力。必须多角度强化教师的信息化意识,让教师深刻意识到国家对于信息化教育的迫切要求及信息化是新时代教师素养的重要组成部分。

职业院校必须定期委派教师参加校外信息化专业知识培训,鼓励教师到企业挂职锻炼或请信息技术专家来校兼职,以提升教师的信息化水平。在技能大赛、教师教学能力比赛中,信息素养应占一定的分值。应提升年轻教师在教师队伍中的比例,充分发挥那些信息化素养高的教师的作用。职业院校信息化管理系统问题调查显示,绝大部分院校把信息化建设的重心放在硬件设施建设上,比如多媒体教室、云机房、智能家居、标准化考场、人脸识别、校园摄像头全覆盖、普通话测试室、餐厅一卡通等。但对于信息化管理系统,还有很多院校除了必需配备的系统(如教务管理、学生管理系统)外,其他的一些管理系统项目则缺失或功能不全。未建成信息化管理系统的领域,其工作依然以人工为主,结果造成工作效率低下、工作混乱。造成职校信息化管理系统不完备的原因主要是信息职业培训与机电教学信息化建设是一个高投入、周期长的项目,而且地方财政更倾向于普通中小学教育和本科院校,对职业教育投入相对较少,信息化建设的环境难以形成。硬件建设比软件建设更务实,软件环境依托于硬件建设,硬件环境更新跟不上,软件建设也就后继乏力。学校不同的信息管理系统通常由不同的公司建设完成,这些信息化管理系统之间缺乏统一的身份认证,造成了管理和使用的混乱。

针对职业教育信息化现状,后续发展的核心内容依然是用信息技术改造传统教学,深化教育教学模式创新。重点内容是围绕专业和课程特点,推动数字资源的共建共享,提高资源利用率。

第三节 职业教育信息化的重要性与意义

一、职业教育信息化的重要性

我国提出坚持以信息化带动工业化,以工业化促进信息化,走出了一条科技含量高、经济效益好、资源消耗低、环境污染少、人力资源得到充分发挥的新型工业化路子。工业化与现代市场经济体制是相互促进的,实现工业化仍然是现代化进程中的艰巨任务,工业化的发展不仅可以加速我国现代化进程,提高国民生产总值,也是增加就业的最好途径。工业化需要大批的技术工人,而高职学院和中职学校的毕业生正是技术工人的重要组成部分。工业化相关企业也是高职、中职生就业的最好的场所。所以,职业教育必须适应新型工业化的发展,适应市场经济体制的要求。

目前,我国职业教育还停留在传统的教学思想、教学模式和管理体制上,与工业化的要求很不合拍。主要表现如下:教师只重视知识的传授,不注重学生能力的培养;教材陈旧;专业科目划分过细;传统的教学模式占主体,学生均无参与意识;以应试为主,不能充分发挥学生的个性;在教学过程中,仍然是教师讲授,学生听讲、记笔记、复习,考试检查;一些学校根本不具有现代教学的硬件设施和实习设备,一些先进设备只是纸上谈兵。这样培养出来的学生的现代化意识及能力根本无法满足工业化和市场化的要求,所以,在高等职业院校中发展现代教育技术,灌输信息化教学所对应的教育思想,实施现代教育既是市场经济的选择,也是我国工业化进程中不可缺少的要素。

二、职业教育信息化的意义

职业教育信息化是运用现代化信息技术来促进职业教育教学改革和发展的过程,具体表现为在一定程度上实现学习环境虚拟化、管理网络化、教育个性化。职业教育信息化使职业教育为满足社会需求提供优质服务成为可能,在引发教师与学习者之间相互作用的本质发生变化的同时,实现了职业观念的创新,是全面提高职业教育教学质量和效率的动力源之一。因此,加强职业教育信息化建设对推进职业教育教学改革与发展,特别是深化教育教学改革具有极其重要的意义。

(一)拓展职业教育空间

教育信息化为职业教育满足社会需求提供了条件。职业教育信息化的实现,能够充分满足社会各方面对职业教育的不同层次的需求,而且能满足非学历教育对职业教育的需求。职业教育信息化建设,实现了学习环境虚拟化,拓展了教育教学空间。教学活动可以在很大程度上脱离物理空间和时间的限制,实现跨时空的教育资源共享。现在已经涌现出一系列虚拟化的教育环境,包括虚拟教室、虚拟实验室、虚拟校园、虚拟图书馆等,由此形成虚拟的教育环境。虚拟教育环境可分为校内模式和校外模式。校内模式是利用局域网开展网上教育,校外模式是利用广域网进行远程教育。如果利用虚拟教育环境把校内教育与校外教育贯通,构筑信息化教育的大环境,就可以实现任何人在任何时间、任何地点,学习任何知识,实现职业教育的在职培训、再就业培训及终身教育。通过职业教育信息化建设,全面拓展职业教育的发展空间,满足了社会对职业教育的多方面需求。

(二)推进职业教育管理现代化

教育信息化为职业教育管理的网络化提供了一个有效的平台。通过先进的教育理念与现代信息技术的有机结合,实现管理的网络化、科学化、规范化,加快了职业教育现代化的管理进程。管理的网络化促使管理方式发生变革,实现了无纸化办公;利用区域性教育信息管理平台,搭建各级教育行政部门与职业学校信息直通的桥梁,实行网上办公,极大地提高了行政管理的效率和质量;以管理网络化为基础,进行教学管理模式变革,开展学分制管理。利用计算机管理手段,从派课制变为选课制,从班级制变为走课制,从学年制变为学分制,等等。学生对学习内容、学习时间选择的自由度和灵活度增大。以学生为本、满足学生多样化需求等教学理念,通过学分制管理得以体现。通过职业教育信息化建设,全面提高了职业教育管理的水平,推动了职业教育管理现代化的进程。

(三)加快职业教育教学改革

职业教育信息化建设,实现了教材的多媒体化、教学过程的自主化、学习任务的合作化和教育教学的客观化,实现了教育的个性化,加快了教育教学改革的步伐。首先,信息化建设促进教材的改革,实现教材的多媒体化。利用多媒体技术,改变单一的纸质教材形式。电子教材不仅包含了文字、图片,还可以呈现声音、视频动画、模拟场景。信息化建设丰富了教学的内容,实现了资源全球化,新技术、新知识得以共享。利用网络(特别是互联网),可以使全世界的教育资源连成一个信息海洋,供广大教育用户共享。其次,信息化建设促进个性化教学,实现了因人施教。

利用计算机辅助教学系统平台,针对学生的不同个性特点和不同层次需求进行教学和提供指导,解决不同学生对教学内容"吃不饱"和"吃不了"的问题。另外,利用互联网中庞大的资源库及强大的信息查询功能,学生可自主选择学习内容,大大增加了学习兴趣。信息化建设还促进了教育评价的改革,实现面向学习过程的客观性评价。利用计算机教学管理系统功能,在网络上建立电子学习档案,其中包含学生的电子作品、学习活动记录、学习评价信息等,支持全面客观地教学评价。

第四节　信息化理论在职业教育中的应用

职业教育在利用教育技术解决教学问题时,必须以科学原理为依据,必须以相关科学对学习问题和教学问题的认识为依据。对学习问题和教育教学问题进行研究主要集中在学习理论、教学理论、视听教育理论等方面。职业教育教学是一个教学大系统,具有独特的内在规律,因此,要运用系统科学来处理教育系统分析、课堂教学的信息加工、反馈与控制等方面的问题。另外,教学是一种信息传递的活动,因而信息传播理论的一些原理对解决教学问题有着深刻的影响。

一、视听教育理论

视听教育理论产生于 20 世纪 40 年代,其中,戴尔的"经验之塔"理论最具有代表性。

美国教育家戴尔认为,人们学习知识,一是由自己的直接经验获得,二是通过间接经验获得。当学习是由直接经验到间接经验、由具体到抽象时,人们获得知识和技能就比较容易。戴尔把人们获得知识与能力的各种经验,按照它们的抽象程度,划分为三大类十个层次,并归为一个"经验之塔"来进行描述。①做的经验。它包括三个层次:直接的、有目的的经验,设计的经验,演戏的经验。②观察的经验。它包括五个层次:观摩示范,学习旅行,参观展览,电影、电视,录音、无线电、静止画面。③抽象的经验。它包括两个层次:视觉符号,言语符号。

"经验之塔"底层的经验最具体,越往上越抽象。"经验之塔"反映的观点是,教学应该从具体经验入手,随着学习者的知识和年龄的增长,逐步向抽象发展,抽象的概念应以具体经验为基础。位于中层的、观察的经验,特别是视听教具,易于培养观察能力,比语言更具体和易于理解,而且能冲破时空的限制,弥补学生直接经验的不足。所以,在职业教育教学中倡导应用各种视听媒体进行教学。在实训教学环节中,利用"塔"下边的、做的经验,理解深,记得牢;利用"塔"上边的、抽象的经验,通过教育技术手段优化教学,提高教学效率,易于获得概念,便于应用。

二、学习理论

学习是指个体经验的获得及行为变化的过程。学习是个体适应环境的手段。

学习理论是对学习规律和学习条件的系统阐述,它揭示人类学习活动的本质和规律,解释和说明学习过程的心理机制,以指导人类的学习。

(一)行为主义学习理论

人的行为主要是由操作条件反射构成的。行为主义学习理论力图从操作条件反射研究中总结出学习规律,重视强化作用,提出强化原理和程式;认为塑造行为的过程就是按合乎要求的反应次数以及各次强化之间的适当组合而做出的各种强化安排,因此,形成了学习与机器相联系的思想,制造了教学机器来实现"小步子呈现信息""及时强化的程序教学"。

行为主义学习理论的基本观点如下。①学习是刺激与反应的联结。其公式是:S-R(S代表刺激,R代表反应)。有怎样的刺激,就有怎样的反应。②学习过程是一种渐进的"尝试与错误",直至最后成功的过程。学习进程的步子要小,认识事物要从部分到整体。③强化是学习成功的关键。

行为主义学习理论的特点是重知识技能的学习,重外部行为的研究。

(二)认知主义学习理论

认知主义学习理论认为,人的知识不是由外部刺激直接给予的,而是外部刺激和认知主体的内部心理过程相互作用的结果。据此,学习过程被解释为每个人根据自己的态度、需要和兴趣,并利用过去的知识和经验对当前工作的外部刺激做出主动的、有选择的信息加工过程,如加涅的信息加工模型。感受器接收来自环境的刺激后,转为神经信息传送到感觉登记器,这里是很短暂的记忆贮存处,一般是在百分之几秒内就登记完毕。由于注意或选择性知觉,有些部分登记了,有的则很快消失了。被感觉登记了的信息很快进入短时记忆,信息在这里只持续二三十秒就消失,并被做简单的处理,然后被送入长时记忆,这里是一个相当永久的信息库。在这里给信息编码,用各种方式把信息组织起来备用。当需要这些信息时,经过检索提取信息,被提取的信息可能直接通向反应发生器,从而产生反应,也可能再回到短时记忆,对信息做进一步处理,结果可能进一步寻找信息,也可能直接通过反应发生器做出反应。预期是指期望达到的目标,即学生学习动机,执行控制是指认知策略,二者对学习影响很大。

学习的实质是在主、客体相互作用的过程中,在反映客观现实的基础上,主体通过一系列的反应运动,在内部构建起调节行为的心理结构的过程。

认知主义学习理论的基本观点如下。①学习是认知结构的组织与再组织,其公式是 S-AT-R(A 代表同化,T 代表主体的认知结构)。客体刺激(S)只有被主体同化(A)于认知结构(T)之中,才能引起对刺激的行为反应(R),即学习才能发生。②学习过程是信息加工过程。人脑好似电脑,应建立学习过程的计算机模型,用计算机程序解析和理解人的学习行为。③学习依赖智力和理解,绝非盲目地尝试。认识事物首先要认识它的整体,整体理解有问题,就很难完成学习任务。

(三)人本主义学习理论

人本主义学习理论认为,学生是学习的主体,具有学习的潜能。学生必须受到尊重和重视,任何正常儿童都能自己教育自己;学习是人的自我实现和丰富人性的形成;人际关系是有效学习的重要条件,它在学习中创设了接受的气氛。最具有代表性的人本主义学习理论是罗杰斯的学习理论。罗杰斯对意义学习的论述很有特点,他认为意义学习是以人的自发学习潜能的发挥为基础,以学会自由学习和自我实现为目的，以自主选择的、自认为有生活和实践意义的知识经验为内容，以自我发起学习为特征，以毫无外界压力为条件的、完全自发的、自主的学习。这种学习过程包括了认知过程、情感过程和学习者个性的发展。这种学习使学生的行为、态度、情感、个性等方面都发生了变化，而且这种学习是由学生自我评价的。

罗杰斯还论述了促进自由学习方法的 10 个方面：构建真实的问题情景；提供学习资源；使用合约；利用社区；同伴教学；分组学习；探究训练；程序教学；交朋友小组；自我评价。

(四)建构主义学习理论

建构主义学习理论是认知主义学习理论的新发展。建构主义学习理论认为，学生是认知的主体，是知识意义的主动建构者，知识不是通过教师传授得到的，而是学习者借助他人的帮助和利用必要的学习资料，通过意义建构的方式获得的。

正如皮亚杰所述，建构是指认知结构不断改变和更新的进化过程，学习是一种能动建构的过程。学习所关注的应该是主动的心理建构活动，学习不是个体获得越来越多外部信息的过程，而是学到越来越多有关他们认识事物的程序，即建构了新的认知结构。学习是反映抽象和创造的过程，其在原有认知结构的基础上创造新的认知结构。皮亚杰指出，认知发展受三个基本过程的影响：同化、顺化和平衡。

同化是指个体对外部因素进行主动的选择、改变，将其纳入原有图式的过程。而图式是指以动作为基础的主体认知结构或组织，是一种认知的功能结构，是个体对世界的知觉、理解和思考的方式。当个体感受到刺激时，就把它纳入个体头脑中原有的图式之内，使其原有的图式得到了量的扩张。顺化则与同化相反，是指个体原有图式不能同化客体时，对原有图式进行调整或创立新图式以适应新环境的过程。即当个体感受到的刺激不能用原有图式来同化时，就对原有图式加以修改或重建，以适应环境，即调节自己的内部结构以适应特定的刺激。这一过程就是顺化。顺化的结果是原有的图式得到质的升华。一般说来，个体每当遇到新的刺激，总是试图用原有图式去同化。如果用原有图式无法同化新的环境刺激，个体便会做出顺化，即调节原有图式或建新图式。平衡是指个体通过自我调节机制，使认知发展从一个平衡态走向另一个平衡态的过程。同化与顺化以图式为基础发生作用,这种作用将导致旧图式的不断充实和更新,这一切都有赖于个体通过自我调节而实现新的平衡。儿童的认知结构就是通过同化和顺化逐步建构起来的,并在平衡—不平衡—新平衡的循环中不断丰富、提高和发展。

综合起来,建构主义学习理论的基本思想如下。

(1)强调以学生为中心。即充分发挥学生的首创精神,将知识外化和实现自我反馈。

(2)强调"情境"对意义建构的重要作用。学习总是与一定的社会文化背景及情境相联系的,在实际情境中进行学习,可以使学习者利用原有认知结构中的有关经验去同化和索引当前学习的新知识,从而赋予新知识以某种意义。

(3)强调"协作学习"对意义建构的关键作用。学习者与周围环境的交互作用,对一些新内容的理解起着关键性的作用。学生在教师的组织和引导下一起讨论和交流,共同建立起学习群体并成为其中的一员。在这样的群体中,共同批判地对各种理论、观点、信仰和假说进行协商和讨论。经过学习群体共同完成所学知识的意义建构,而不是由其中某一位或几位来完成。

(4)强调对学习环境(而非教学环境)的设计。学习环境是可以让学习者进行自由探索和自主学习的场所,在此环境中学生可以利用各种工具和信息资源(如文字材料、数值、音像资料、计算机辅助教学课件以及互联网上的信息)来达到自己的学习目标。学习环境是一个支持和促进学习的场所,应对学习环境进行设计而非对教学环境进行设计。

(5)强调利用各种形式的资源来支持"学"而非支持"教"。为了支持学习者主动探索和意义建构,在学习过程中要为学习者提供各种信息资源。

(6)强调学习过程的最终目的是完成意义建构。传统的教学设计中,教学目标高于一切,它既是教学过程的出发点,又是教学过程的归宿。在建构主义的学习环境中,强调学生是认知主体,是意义的主动建构者。学生对知识的意义建构是整个学习过程的最终目的。

因此,情境、协作、会话和意义建构是学习环境的四大要素。在建构主义学习理论指导下的三种教学方法是支架式教学、抛锚式教学、随机进入式教学。①支架式教学。教师为学生营造一个解决问题的概念框架,通过适当的启发引导,帮助学生沿框架逐步攀登,并逐渐放手,让学生自己继续向更高水平攀升。②抛锚式教学。以真实事例或问题为基础,让学生自主地到真实环境中去感受体验、调查研究、分析和解决问题。教师可以向学生提供解决问题的有关线索，例如，从何处搜集资料，提供专家解决此类问题的探索过程等。③随机进入式教学。以尽可能多的角度，呈现事物的复杂性和问题的多面性。

学生通过不同途径多次进入同一内容的学习，就能达到对所学知识全面而深刻的意义建构，同时发展理解能力、思维能力和对知识的迁移运用能力。

在建构主义学习理论指导下，教师不再是知识的传授者，而是学生的帮助者，为学生提供有利于意义建构的学习环境，使学生能够建构完整的意义，并进行主动的学习。学习环境的建构包括制作学习软件、提供学习指导、执行教学计划等。

但在建构主义学习环境下，不能把教学目标与意义建构对立起来。在完成教学目标分析的基础上，选出所学知识的基本概念、原理、方法和过程作为当前所学知识的主题，再围绕这个主题进行意义建构。

在职业教育中，学习和教学过程是极其复杂的过程，不可能用一种理论来全面概括教学和学习的规律。上述理论都是从不同的角度或不同侧面来阐述教与学的规律。在具体的职业教育过程中，要选用恰当的学习理论来指导，使教育技术真正达到优化教育教学的效果。

(五)社会学习理论

班杜拉的社会学习理论认为：行为主义几近"环境决定论"，个体行为(反应)由外部环境(刺激)决定；而认知主义则几近"个人决定论"，个体行为(反应)由个体(内部因素)决定。这二者都是"单向决定论"。实际上，个体(认知和其他个人因素)、环境和行为(反应)作为相互交错的因素而起作用，它们之间相互影响。

班杜拉社会学习理论的基本原理如下。

(1)人类的许多学习都是认知性的，一个人的认知内容对一个人的知觉、解决问题和动机等产生决定性影响。

(2)反应结果是人类学习的主要来源。反应的发生会导致某种结果，这种结果对个人的行为产生影响，反应结果具有信息功能、动机功能、强化功能。信息功能是指个体了解某些行为在某种条件下会导致成功或失败，从而对某种条件下的行为结果作出假设。动机功能是指个体已掌握的信息，可以通过预见和期望，成为行为的诱因条件。强化功能是指个体提高或降低原来这种反应的效率。

(3)观察学习是学习的另一个重要来源。人类的许多行为都是通过观察他人的行为及其结果而习得的,观察学习的完整过程包括 4 种成分,缺一不可。

观察者以某种方式注意示范事件,通过观察学习到的东西必须用符号加以编码和储存。观察者具有相应的动作能力去再现由编码符号保持的示范事件,在适当的诱因动机下,观察者表现习得的行为。

(4)展现示范可产生不同的效应。它们分别是观察学习的效应(习得新的反应)、抑制效应(加强或削弱已有行为的抑制)、促进社交的效应(引发行为库中已有的反应)。

(5)观察学习是规则和创造性行为的主要来源。班杜拉在其理论中十分强调自我效能感。自我效能感是人们对自己能否有效地进行某一行为的判断,它对人们的行为起调节作用。自我效能感决定人们对活动的选择以及对该活动的坚持性,影响人们在困难、任务面前的态度,影响新行为的习得及习得行为的表现,影响活动时的情绪。

总之,根据班杜拉的个人、行为、环境三者相互依存的互动理论,教育信息化环境对学生行为的影响以及信息技术对教育教学的作用是显而易见的,信息化时代所需要的人才,必须在信息化的环境中培养。

三、教育传播理论

传播是人类社会信息交流的过程,是人类利用各种媒体把信息从信息源传递给接受者的过程。

(一)教育的传播模式

传播可分为大众传播和人际传播两大类。按传播内容可以分为新闻传播、教育传播、经济传播、娱乐传播、科技成果和服务传播。

传播过程是一种信息存储和交换的复杂过程。人们为了研究这一复杂过程,首先将其简化为若干个组成要素,然后分析这些要素在传播过程中的地位和作用,以及这些要素之间的相互联系和相互作用,这样就构成了多种多样的传播模式,如拉斯韦尔模式、香农-韦弗模式、香农-施拉姆模式、贝罗模式。

(1)拉斯韦尔模式(也叫 5W 模式):把传播描述为一种直线性的单向过程,把传播过程看成由 5 个部分组成,对教学过程的分析富有启发性。即:谁? 说了什么？通过什么渠道？向谁说？有什么效果？

（2）香农-韦弗模式：把传播描述为一种直线性的单向过程，包括信息源、发射器、信道、接收器、接受者、噪声6个因素。这里的发射器和接收器起了编码和解码的功能。传播过程中，还有一些噪声对它起干扰作用。

（3）香农-施拉姆模式：施拉姆对香农的传播模式做了改进，加入反馈，强调当信息源与信息接受者的经验领域有重叠的共同经验部分时，传播才能完成。

（4）施拉姆模式：在施拉姆提出的循环传播模式中，标明了传播的双向性。在传播过程中，传播者和接受者都是根据他们的知识和技能进行编码和译码。该模式着重强调传播的双向性，传授双方同时是编码者、释码者、译码者。

（5）贝罗模式：贝罗的传播模式（也叫 SMCR 模式）把传播过程分解为4个基本要素：信息源、信息、通道、接受者。①信息源和接受者：影响信息源和接受者的主要因素是他们的传播技术、态度、知识水平、社会系统以及他们具备的文化背景。②信息：影响信息的因素有符号、内容、处理。③通道：指传播信息的各种媒体，包括视觉媒体、听觉媒体、触觉媒体、嗅觉媒体、味觉媒体。④贝罗模式着重描述传播过程各个要素的基本特征。

（二）教师在教育传播过程中的任务

作为传播者，教师在教育传播过程中处于发送信息的一端，主要任务是提供教学信息并对教学信息进行编码以及教学信息再反馈。

提供教学信息：根据教学目标要求，选择和收集适当的信息内容，以一种学生容易理解的方式，组织和编排教学内容和材料。

对教学信息进行编码：把要传递的教学信息内容转换为能够传递的信号，以便传送出去。比如，将知识转换为声音信号、文字信号、图像信号等。

教学信息再反馈：当学生把接受信息后的反应反馈给教师后，教师对学生的反应进行译码、分析，然后把教学信息传播的效果再反馈给学生。

（三）影响传播者和接受者传播能力的因素

在传播过程中，影响传播者和接受者传播能力的因素主要包括两个方面。

（1）传播技能。传播技能包括语言的传播技能和非语言的传播技能。语言的传播技能包括说和写的技能，非语言传播技能包括姿势、感情和动作等。教学传播的成功，选择和应用媒体的技能，很大程度上依赖于教师的传播技能。

(2)态度影响。传播者和接受者的态度包括对自己的态度、对学科的态度、对接受者(传播者)的态度。传播者(接受者)对自身知识水平和能力的自信心、积极的自我意识,对学科的了解程度,是否喜欢这个学科,是否感到它很重要,是否认可接受者(传播者),这些因素都会大大影响传播的能力。例如,教师对学生的态度会影响他们和学习者之间的有效的信息交流。

总之,教育教学过程是一个信息的传播过程,借助传播理论,揭示教学系统中各个要素之间的联系,描述教学过程中信息的传播。教育教学活动可以看成一种教育教学传播活动,因此,教育传播是指教育信息的传播活动,它是按照一定的教育目标,通过教学媒体,把相应的教育信息传递给特定教育对象的过程。

四、系统科学理论

系统科学是以系统思想为中心的一类新型的科学群,主要包括控制论、信息论、系统论。近年来,系统科学的学习原理被广泛应用于教育系统分析及课堂教学的信息加工、反馈与控制等方面。系统科学理论的三对相关概念和三个原理对教育系统设计有直接的指导作用。

(一)系统科学相关概念

(1)系统与要素:系统是指由相互联系、相互作用的两个以上要素构成的,具有特定功能的有机整体。

要素是系统中的主要元素,是系统的主要组成部分。要素以其特有的功能保证系统功能的实现,是完成系统某种功能的最小单元。系统的要素共存于系统之中。它们是相互依存、缺一不可的。系统中各要素是对立统一的关系。系统包括要素,要素是系统的组成部分;没有要素就没有系统。反之,没有系统就没有要素。没有孤立的系统或要素。

要素与系统在一定的条件下可以相互转化,即在不同的层次上可以相互转化。

(2)结构与功能:结构是系统中各要素之间的关系和联系的形式。结构形成了系统的组织特性,结构不同,决定着系统中具有不同功能的要素起的作用不同。

功能是指系统在一定环境中所能发挥的作用,它不但决定于系统的各个要素的作用,而且决定于要素之间的关系和联系,即决定于系统的结构。

结构与功能相互依存、相互联系和相互决定。没有结构就没有功能,功能总是由一定的结构决定,结构也是一定功能的形成。二者相互制约,结构决定功能,功能反作用于结构。系统的结构发生变化到一定程度,会导致系统产生新的功能;系统的功能发挥到一定程度,也会导致系统出现新的结构。

(3)过程与状态:系统状态的运动变化即过程。系统过程的运动在某一时刻的特性体现即状态。状态是系统稳定的一面,是系统过程的结果;过程是系统变化性的一面,是系统不同状态的连续。系统状态的变化构成了过程。状态与过程是不可割裂而相互联系的,没有过程的状态是不存在的,没有状态的过程也是不存在的。两者相互依存,相互联系。系统的状态决定和影响着过程,系统的过程也决定和影响着新的状态,两者往复循环,相互制约。研究系统的状态与研究系统的过程结合起来,通过过程去研究状态,通过状态去认识过程。

(二)系统科学原理

(1)反馈原理:反馈是控制的基本方法和过程。将系统过去控制作用的结果再送入系统中去,使其作为评价控制状态和调节以后控制的根据,这一信息传递过程就叫反馈。

任何系统只有通过反馈信息,才能实现有效的控制,从而达到控制的目的。所有控制系统的信息通道必然是一个闭合回路,没有反馈信息的系统不可能实现控制。要了解是否已经达到了教育目标,需要及时了解教育的现状,找出现状与目标的差距,从而改革教育过程。

任何系统只有通过相互联系形成整体结构才能发挥整体功能。任何系统的整体功能等于各个组成部分功能之和,加上各部分相互联系形成结构所产生的功能。

(2)整体原理:在教学中,可以采取整体—部分—整体的策略进行教学,任何学科的教学,不能仅仅传授一些孤立的知识,要注意各知识之间的内在联系,使学生形成学科的整体结构,在掌握各部分教学内容的同时把握部分与部分之间的关系,把握学科知识与相关学科之间的外在联系等。在教育技术中,不能孤立地看待各种不同媒体的作用,不能孤立地看待信息技术的作用,要从整体的、全局的角度探索教育技术。

(3)有序原理:系统开放,有涨落,远离平衡态,才能走向有序。系统与外界有物质、能量、信息的交换,才能走向有序。有序是指系统的组织化程度走向增加，例如，系统由低级结构走向较为高级的结构，系统的功能也随之增加；系统从无序的混乱状态走向有序是系统的发展。涨落是指因系统内部因素的影响，对系统稳定状态（平衡状态）的偏离。而远离平衡态的非平衡态，则是有序之源。

在认知过程中，正是认知关键点上的涨落，导致认识上的飞跃，产生直觉、灵感。实际上，皮亚杰关于认识发展的同化和顺化就是非平衡的两种体现，经同化和顺化得到新的图式与涨落，导致从非平衡走向平衡。

人的学习是从易到难、从低到高的，也是一个有序的开放系统。大脑的思维过程，就是大脑内各认知子系统之间交换信息的有序过程，因此，有效的学习必须善于思考，善于协作交流，吸收来自各方面的有用信息，并在知识的迁移使用中不断地改正错误，改进学习方法，使自己的认知结构越来越有序，表现出来的能力也就会越来越强。

第二章　职业教育信息化创新的理论基础

第一节　相关教育理论

一、教育技术学的基本概念

教育技术学又被称为电化教育学,是我国重要的专业之一。教育技术学是现代教育科学发展的重要成果,教育技术参与教育过程,改变了整个教育过程的模式,改变了教育过程的组织序列,改变了分析和处理教育、教学问题的思路。

二、现代教育技术学基础理论创新的重要性

由于我国教育技术学这一专业的创建时间相对较短,因此这一专业的教育教学经验明显匮乏,并且其教学模式的应用也存在着一定的局限性。很多学校在开展教育技术学教学课堂的过程中,教学方法的应用仅仅停留在"纸上谈兵"的教学阶段,其教学内容根本无法展现出教育技术学这一新兴学科真正具备的科学技术性。

开展现代教育技术学基础理论创新的理念和方式探究,将先进的技术、理念、教学方式全面应用于教育技术学教学课堂中,实现这一学科教学工作开展的有效"换血",将为我国教育技术学教学的开展注入新的活力,真正培养出教育技术学专业型人才,促使我国的教育技术行业获得更加广阔的发展空间以及更加理想的发展前景。

三、现代教育技术学基础理论创新的基本方向

将趣味教学法的应用与教育技术学教学的开展有效结合,无疑是实现我国

现代教育技术学课堂改革和创新的有效方式之一。趣味教学法的应用,可以使得教育技术学课堂的教学内容摆脱原有的枯燥和乏味性,在激发了学生对于教学技术的学习兴趣的同时,提高了学生的技术创新能力。

现代教育技术学课堂的开展,主要是为了实现新时期下的教育领域中新型技术型人才的培养,如教育媒体工作人员、教育技术应用人员、教育技术开发人员以及教育管理人员等高级的教育技术型、应用型人才的培养。由此也可以看出,现代教育技术学课堂开展的核心词为"技术"。技术的应用必定离不开实践,但是当下很多现代教育技术学课堂的教学理论,只注重对于学生的教育技术理论知识的强硬灌输,根本无法实现对学生的教育技术能力的有效培养。这种"纸上谈兵"式的教学理论培养出来的学生,根本无法在日后的工作岗位上发挥自身的技术优势,为学校教学工作的开展提供强大的推动力。因此应当实现教育教学理论的全面革新,在开展现代教育技术学的课堂上,注重理论和实践的有效结合,确立人才培养工作开展方向。

(一)实现教育教学理论的全面革新

教师在传授教育技术的过程中,应当应用良好的技术传授方式,实现对学生教育技术学习热情的有效调动。教师在传授教育技术的过程中应当明确自身所培养的人才为教育型人才,教育工作的开展离不开对于职业的热情。教师只有应用完善的教学方式,激发学生对于教育技术的热爱,才能使学生在日后将这种积极情绪有效发挥于教育教学工作的开展过程中。因此,进一步完善教育技术传授方式,也是现代教育技术学基础理论的重要创新方向之一。

(二)提升教育教学内容所具有的丰富性

教学技术专业毕业生的就业方向无疑具有较强的多样性。因此,教师在为学生设定教学内容的过程中,应当引导学生学习不同的教学内容,除了传统的教学设计、教学技术应用之外,也可以针对新兴专业,重新拟定教学技术学课堂教学内容。同时教师应当引导学生充分思考自己的兴趣方向,展开第二学位的学习,教师在这一过程中应给予学生足够的帮助,进而实现学生所学习的学科内容与自己的教学专业技术有效结合,为学生日后在教学岗位上全面发挥"自身的光与热"奠定坚实的基础的同时提供强大的推动力。

第二节　信息技术创新理论

一、将趣味教学法全面应用于教学进程中

当下很多教育技术教学课堂的开展方式较为单一,只是单纯地进行知识的单方面传授。这种传统教育技术的应用,根本无法有效保障学生在教育技术教学课堂上获得较为理想的学习效果,进而也就不能够真正掌握教育技术。现代教育技术的创新,进一步完善教育技术传授方式,可以有效提升学生的课堂学习兴趣和学生的综合学习能力,进而引导学生更好地掌握先进的教育技术应用理念。例如,教师在引导学生学习教育技术中的课堂动画设计技术时,可以引导学生根据自己的动画设计爱好,自由拟定动画设计主题,进而充分发挥自己的创造力。当学生完成教学动画设计之后,教师可以鼓励学生上台讲述自己所设计的教学动画的教学应用及其优势。这不仅能够有效实现对学生的综合设计能力、实践能力以及表达能力的全面提升,也能够实现对学生的技术创新能力的进一步引导和开发。

二、将先进的信息技术应用于教学进程中

现代教育技术学课堂开展的根本目的就是有效提升教育工作者的教学技术性。随着社会的不断发展,信息技术在教学中的应用逐渐呈现出普遍性和普及性。将先进的信息技术应用于教学工作的开展进程中,引导学生将信息技术和教学技术有效结合,无疑为学生日后教育教学技术的灵活应用开辟了新的空间。学生掌握信息技术,可以有效实现自身的教育设计水平的进一步提升,同时学生在平时的学习过程中,也应当给予新型的信息技术足够的关注,将信息技术尽可能灵活地应用于自身的设计开展过程中,实现自身设计理念的"与时俱进",并将这种先进的积极理念践行于日后的教育工作中。

三、将现代知识理论与教学内容的制定相结合

一些学校教育技术的应用方向相对陈旧,应用理念也十分老套,归根结底,是因为教育工作者所掌握的教育技术缺乏现代性。为了解决这一问题,教师在

培养教育设计人才的过程中,应当严于律己,积极关注新闻动态和科学动态,将现代理论知识与教育技术学课堂教学内容有效结合,实现教育技术学课堂教学内容的与时俱进。例如,教师可以将思维动画这一知识理论与教学技术课堂讲解内容有效结合,相对于已经陈旧的"二维动画"知识理论,"四维动画"知识显然更加具有时代气息,符合动画课堂教学对于教育技术的专业性和技术性的要求。开展现代教育技术学基础理论创新的分析,首先应当明确当下社会对于"教育技术学"这一新兴概念的定义,在明确了开展现代教育技术学基础理论的教学方式的改革工作所具有的重要性的基础上,确定现代教育技术学基础理论创新的基本方向和具体内容,可以有效提升我国现代教育技术学教学水平。科学技术的不断发展和高速革新,使得社会对于教育技术学人才的需求也在不断提升。学校是培养人才的主要场所,提升学校开展现代教育技术学理论教育工作的时效性和实效性,必将培养出更多优秀的教育技术型人才,进而促使我国的科学工程获得更加理想的发展前景和更加强大的发展推动力。

第三节　其他相关理论

一、传统教育与现代教育的创新结合

对于传统教育和现代教育来说,其研究一直是诸多学者关注的热点。对于传统教育和现代教育的划分,很多人都是从时间上划分,认为以前的教育为传统教育,而现在的教育就是现代教育。事实上,随着社会的发展,现代教育作为一种新型教育方式应运而生,它是社会教育发展到一定程度产生的,有着与传统教育不同的特点:在教育过程中追求民主,追求自由,尊重学生实际,不断追求学生的个性发展。西方发达国家现代教育起步相对较早,到目前为止已经发展得较为完善。在我国,现代教育已经有100多年的发展史,目前已经成为一个基本适用于现代社会的管理系统。而对于传统教育观来说,在现代教育的发展中,它一直如影随形,时时刻刻地影响着现代教育。

(一)传统教育对现代教育的一些启示

1. 结合实际,因材施教

早在春秋时期,我国著名教育家孔子就提出了"因材施教"的教育思想。而在现代教育中,我们也追随了这种思想——在对学生进行教育的时候,结合学生实际,制定出相应的教育内容和方法,让学生的优点和长处充分发挥出来,从而各得其所,为祖国培养出了大量的优秀人才。

2. 循循善诱,激发兴趣

我国古代著名教育家孟子就提出了对学生要采用启发引导式的教育方法,不要采用填鸭式的教育方式。而在现代教育教学的过程中,教师充分采用了启发诱导式教学法,也就是不断丰富教学方式,采取多种多样的教学手段,充分激发起学生参与学习的兴趣。现代教育教学,也给教师提出了相应的要求,需要通过不断引导学生思维,让其养成独立思考的习惯,并且通过教其学习的方法,教会学生自学,而不是通过全包全揽的方式将整个课程全部讲给学生。我国宋代著名教育家朱熹认为启发诱导就是要求教师在教学中扮演引导的角色,其目的就是将学生的积极主动性充分地调动起来,从而发挥出自身学习的潜力。

3. 学习与思考并行,提高教学效果

在传统教育中,思考和学习是两个密不可分的环节。在学习的同时,一定要注重思考的作用。孔子认为仅仅学习却不思考会让学生十分迷茫,而仅仅思考却不学习就会十分疲惫。而朱熹也提出将学习和思考充分地融合起来,才能实现学习的最高目标。笔者在教学的过程中也发现,那些学习成绩相对优秀的学生,一般都是将学习和思考融合得较好的学生。一方面,他们都较为认真和刻苦地学习知识;另一方面,他们能够将自身所学的知识进行思考和整理,并进行进一步的消化,将从外界学到的知识与自身的知识相融合。现代教育在此启示下,更加注重将学习和思考有机融合。在此教育模式下,学生能够更快地适应新知识,并不断地培养独立自主思考的能力,不断提高自身的学习能力。

(二)现代教育是对传统教育的创新教育

1. 基于教育形式的视角

以往的传统教育中,教师都是拿着较为简单的教具、通过单调的演讲式教学为学生传播知识,教学效果自然难以保证。而在现代教育下,伴随着科技的发展,教师能够采用多种教育手段和多样的教育方法对学生开展教授工作,如此也极大地激发了学生的学习兴趣,教学效果自然可想而知。这是现代教育基于传统教育的第一个创新。

2. 基于教育模式的视角

传统的教育模式下，采用封闭式的校园教育，并且回顾教育历史也可以发现，在很长一段教育史中，校园教育都占主体地位。而伴随着社会的不断发展，仅仅再采用封闭式的校园教育已经远远不能适应知识快速更新的社会需要。对于学生来说，要想适应飞速发展的社会需求，也离不开学习和深造，因而，基于一定的校园教育，采取合理的、开放式的现代化社会教育已经成为当前的必然选择。这是现代教育基于传统教育的第二个创新。

3. 基于教育思想的视角

传统教育以提高学生学科知识水平为主，而现代教育中，更加注重对学生的素质培养。伴随着经济全球化，很多国外的教育思想也随之传至中国，在其带动下，我国也采用了相应的办法，建立起了合理的培养全面发展人才的现代教育体系。而这也是现代教育基于传统教育的第三个创新。总之，不论是以往的传统教育，还是当前的现代教育，其目的都是帮助社会培养合适的人才，它们的本质就是顺应时代发展的需要，更好地为祖国和社会做好相应服务。因而，可以说它们都是时代发展到一定阶段的产物，而对于教育工作者来说，在发展现代教育的过程中，应该规避两者的一些冲突问题，基于传统教育的一些优秀经验和模式，进行相应的创新和融合，从而更好地为社会教育服务。

二、现代教育制度创新环境下的职业教育发展

在多个世纪的社会发展进程中，教育是推进社会人才培育的一项重要依据，并在世界范围内产生了极大的影响。从工业革命至今，大量的教育事实证明，科学技术是第一生产力。而从世界范围内的发展行为来看，存在于不同国家教育的制度形式，都成为促进教育发展的重点。对于教育模式的践行，则需要通过顺应社会发展趋势来完成对整体教育制度的合理调控，并通过践行这样的教育模式来完成对职业教育的高层次建设。

(一)制度环境的合法性

伴随着职业化教育模式的不断发展，我国本土的文化教育思想结合了传统的儒学，其人才培养，在很大程度上秉承了对基本素质的培养，并通过这一模式实现了对基本奋斗目标的改革调整。教育制度存在于社会生活的方方面面，决定了教学的发展方向。通过对社会制度体系发展模式的认知分析，并结合制度

环境的不同发展加以实践,在必要时需要通过规范化的体系实现对奖惩制度措施的建立,以实现规范化体系的社会生活价值观供应;通过信息上的考量分析,并结合环境的互动调节,完成制度环境合法性的法律建设认可,其建设的标准化发展,也满足了社会文化的认同感。对于新的教育制度已有的改革派系,从合法性机制的发展模式出发,结合结构发展趋势,并通过社会文化的认同促进,实现合法化的教育建设调整;通过权威体系的社会学制度控制,实现对现有道德标准以及法律认知度上的整体化调整、对社会的认可以及基础性调节等,并通过环境制度上的有机调整,从而实现社会规范化的文化认同。

(二)文化体系教育

在现代教学的发展中,文化的认知体系是保证教育制度核心的根本所在,而对于职业教育自身,也就成为文化教育体系中的核心内容,并间接影响国家的经济建设。对于现阶段的教育建设,思想决定了发展的方向,因此一个良好的文化教育体系,能够更好地促进社会的和谐发展。现代教育的法律体系建设目的在于对社会经济建设人才的培养,而通过现代教育的法律体系建设,也就使得职业教育符合了对思想教育的政策相关性表达。通过战略上的调整实施,从而更进一步完善了对产业结构的升级保障。

(三)新型教育模式体系的发展目的

就我国现阶段的教育建设形式来看,现代教育的模式促进了中国教育体系人才的培养,而结合中国教育的新型人才培养,也就成为对职业主义教育思想的观念改变。伴随着社会的发展,新职业思想已经逐渐地替代了原有职业思想、并让人们更好地认识到自身发展在未来社会发展中的职业服务生涯的定位。

而对于我国市场的发展模式,中国职业教育的可持续发展战略,是满足职业教育发展的根本所在,从行业机构的教育体系上实现了对基本行业信息的正确调整,对新职业的教育主义策略进行可持续的发展教育,并把握好对职业教育的发展秩序认知。

(四)教育制度的创新展望

从我国现代教育制度的发展情况来看,中国职业教育已经建立了较为完善的制度,并有标志性的教育法案颁布,这就标志着我国已经在教育上完成了基本的体系管理制度的建立。而对于这个行业的战略变化,也主要体现在不同文化体系内的教育职业合法化。即便行业在转型过程中呈现出来了发展变更,但是从现代校企合作的模式来看,也满足了对基本行业发展结构形式的有机调整,结合实际的发展规划,更进一步地完成了校企之间的合作促进。通过优待新型教育人才的教育机制,并以此实现对职业教育的合作运营;通过教育机制的有效提升,从而实现了在产业合作教育模式上的逐步提升,并通过主管部门完成对制度的控制。而对于企业的真正推广发展,都不能够提供一个更为完整的保障。

综上所述,在我国现代教育制度的改革过程中,通过立法立案,完成对知识合法性的有效建设,从而顺应社会的发展,促进基本的教育制度改革发展和完善。在推进我国现有教育部门的管理政策上,结合社会行业的协同发展,实现对职业教育的规范化管理体系建设,并以此完成对现代教育体系的规范化建设。

三、现代职业教育体系与机制创新

加快发展现代职业教育,首先要构建好现代职业教育体系,形成统一的、完整的、逐级的、通畅的,能够让学生"实习就业有能力、升学有基础",可持续发展的教育体系。随着《国务院关于加快发展现代职业教育的决定》和《现代职业教育体系建设规划(2014—2020年)》的颁布,现代职业教育体系的顶层设计已经基本完成。然而,仅仅在顶层设计层面构建出现代职业教育体系是远远不够的,现代职业教育体系能否发挥作用,关键在于运行环节的通畅程度。为此,必然要推动现代职业教育体系各组成要素间灵活的教育转换,打通受教育者在各个体系之间升学、转学与返学的渠道。在现代职业教育体系运行视野下,教育转换主要包括三个方面,即职业教育不同层次之间的转换、职业教育与普通教育之间的转换以及职业教育与人力资源市场之间的转换。目前,教育转换不畅仍然是制约现代职业教育体系运行的症结所在。为了促进现代职业教育体系的有效运行,探索适合我国国情的教育转换机制成为当务之急。为实现各级各类教育之间有效的教育转换,必然需要构建一个完整的现代职业教育体系运行机制。整体运行机制包含六个子机制,即学分互认机制、课程衔接机制、证书互换机制、招生考试机制、弹性学习机制、资源共享机制。各个机制组成一个有机整体,将学校体系与工作体系联系起来,也将职业教育体系与普通教育体系、继续教育体系联系起来,从而打通学习者在现代职业教育体系之中升学、转学与返学的渠道。

(一)学分互认机制

为了促进现代职业教育体系的有效运行,首先是建立学分互认机制。学分是激活学习者在各级各类教育之间转换的关键所在。原因在于,学分是评价学习者升学、转学或返学的重要媒介,只有当学习者的学分积累到一定程度达到基本"学力"要求时,才具备升学、转学或返学的资本。这一机制建立的前提是学分制在我国的广泛应用。学分制是用学分管理课程,以学分为单位计算学习者的学习量,由学习者自己选择课程、学习时间和学习方式,自己安排学习计划,以学习者取得规定的最低分数作为修业标准的一种教学管理制度。为此,必须逐渐推动学年学分制向完全学分制转变。从教育转换的全局出发,可以尝试在我国建立学分银行。学分银行是一种模拟或是借鉴银行的运行机制,让学习者根据自身特点和需要安排自己的学习时间、学习地点、学习内容和学习方式的教学管理制度或模式。学分银行所认可的不仅包括在正规教育体系中获得的学分,还包括在非正规或非正式教育中积累的先前学习成果。学分银行的运行主要包括三个环节:学分积累、学分互认、学分兑换。关键环节是学分互认,如果不能实现有效的学分互认,学分积累就失去了意义,学分兑换也将无法完成。为了促进学分互认机制的有效运行,还需要成立涉及现代职业教育体系各组成部分的学分互认联盟,并成立专门的学分互认管理委员会,学习者依据学分互认标准、协议和流程,方能实现在各级各类教育之间的有效转换。

(二)课程衔接机制

各级各类教育之间有效的教育转换,离不开课程衔接机制的建立。原因在于,通过课程衔接可以有效避免教育转换的"硬着陆",从而实现各级各类教育之间的自然转换,甚至是"无缝转换"。正如前文所言,现代职业教育体系长期处于事实上的分离状态。从横向上看,这种分离状态表现为职业教育体系与普通教育体系的分离,以及职业教育体系与人力资源市场的分离;从纵向上看,这种分离状态表现为职业教育体系内部不同教育层次之间的分离。分离状态直接造成了现代职业教育体系的运行不畅,使得学习者无法在各级各类教育之间完成自由转换。实际上,各个体系之间的分离状态,并不是概念或者框架意义上的,而是课程意义上的。只有实现了课程层面的衔接,才是真正实现了衔接,因而课程衔接体系是现代职教体系建设的实质内容。要解决上述问题,必然要建立有效的课程衔接机制。职业教育体系内部的课程衔接主要体现为中职与高职专科、应用技术本科课程的衔接。这种课程衔接不仅要求实现学校层面的纵向衔接,更重要的是,亟待通过建立国家层面的专业教学标准实现体系层面的衔接。为此,必须对不同层次的专业设置进行统一规划,还要改革传统的三段式课程,开发更能体现能力本位要求的项目课程,根据从简单到复杂、从单一到综合的能力序列展开课程衔接。职业教育体系与普通教育体系之间的课程衔接,由于存在知识体系与技能体系的本质差异,可以采取课程嵌入的方式进行,即在普通教育体系之中适当增加职业教育类选修课程,在职业教育体系之中适当加强普通文化课程的学习。也就是所谓的"普通教育职业化、职业教育普通化"。职业教育体系与人力资源市场之间的课程衔接,主要体现为专业教学标准与职业标准的融通,而且要深入推进专业设置、专业课程内容与职业标准相衔接。

(三)弹性学习机制

建立起灵活的弹性学习机制,不但是促进现代教育体系有效运行的必然要求,而且是对终身教育理念的深刻贯彻。终身教育理念强调,学习者在任何时间、任何地点,只要有学习的需要,就可以享受到满意的教育服务。然而,与西方国家相比,我国长期采用的是学年制,严格意义上讲,完全学分制并未在我国得到广泛应用。由于职业教育体系下学生的主要学习场所仍是职业学校,与西方国家相比,我国学生到企业见习与实习的时间相对较短,这在一定程度上影响了校企合作的深度,使得学生无法在学校体系与工作体系之间完成自由的教育转换。而且,对于人力资源市场中的学习者来说,由于在学习的同时还要继续工作,过于严格的学制可能会使其对职业学校望而却步,也就无法完成从工作体系向学校体系的转换。另外,在现代职业教育体系运行视野下,职业学校与普通学校之间的合作成为一种必然趋势。这就需要我们进一步改革学年制,探索弹性学习机制,开发更加多元的学制,只有这样,人才的联合培养才能成为可能,学生在同一个教育阶段也就能完成多次教育转换。还需要注意的是,在学校教育领域,我国实行严格的学籍制度,这给管理带来相当大的便利,但也在一定程度上阻碍了学习者的自由学习。从维持教育的稳定性出发,在学校教育领域,不宜广泛实行多套学籍制度,但可以在小范围之内允许弹性学籍的存在,这样更有利于打通社会人员回到学校教育体系接受职业继续教育的渠道。

(四)资源共享机制

在教育转换过程中,由于不同的转换机构一般存在教育类型或层次的差异,所以在所拥有的资源禀赋或是资源优势方面也可能存在一定的差异。在教育领域,这种资源的具体形态表现在师资队伍、实训场地、网络平台、图书馆等诸多方面。为了有效解决上述问题,更好地促进学习者在各级各类教育之间的教育转换,必须建立起完善的资源共享机制。具体而言,在职业教育体系内部,不同层次学校之间在资源禀赋方面存在较大差距。一般来说,学校资源必须全面丰富,涉及面广,尤其表现在师资队伍、实训场地等方面。为了帮助学生打好从职业教育转换到高等职业专科的基础,学校可以派遣优秀教师去合作的学校做指导,也可以开放部分先进的实训场地供学校学生使用。对于职业教育与普通教育而言,由于二者所追求的教育目标有所不同,所以资源优势存在较大差异。比如,目前得到广泛关注的普通学校"学籍互转、学分互认"试点工作,能否顺利进行有赖于资源共享的程度。在试点工作开展过程中,二者之间资源共享机制的构建是必不可少的。原因在于,资源共享机制的构建有利于实现双方的优势互补、合作共赢。学校可以派遣优秀教师去学校指导学生,也可以提供图书馆等场所供学生使用,还可以派遣专业课教师为普通技术课程的开展提供帮助,同时向普通学校学生开放实习实训中心,为其开展综合实践活动、通用技术课程等提供便利。另外,学校也可以与人力资源市场中的企业构建资源共享机制。双方可以开展师资培训以及教学场所、实习场所等方面的资源共享,从而为学校学生和一线劳动者在学校体系与工作体系之间自由转换提供便利。

第三章 职业教育信息化的创新模式与策略

第一节 创新模式的类型与特点

教育技术与现代教育技术有着根本的区别。我们平时所说的教育技术也就是传统的教育手段,即以一些基本的硬件设施为基础的教学方法和手段。而现代教育技术,从字面上看,只是多了"现代"两字,但意义却变得更加深远,它已经脱离了传统教学方式的束缚,向着现代化、网络化、信息化的模式发展。所以说,现代教育技术是以信息技术为根本的,是通过计算机程序及网络信息来进行更深入的教学,为培养综合型、全能型的人才而服务的。也就是说,现代教育技术更好地利用一些高科技的软件来为教师的课堂教学服务,把各种网络技术融入辅助教学当中,改变传统教学中"三点一线"的陈旧思想和观念,把多元化、多层次、全方位的新型教育平台展现在学生面前,给他们更多的学习资源,让他们学到更多的知识。

一、现代远程教育自主学习模式

现代远程教育是 20 世纪 60 年代随着信息技术的发展而出现的新型教育形式,它集面授、电视教育、网络教育的优势于一身,融文本、图片、音频、视频于一体,创造了在不同时间和空间下师生交流的虚拟课堂环境。国际远程教育专家德斯蒙德·基更于 1990 年概括出远程教育的 5 个特征:①在整个学习期间,教师和学习者处于准永久性分离状态;②教育组织通过规划培养方案和提供学习支持与服务来影响教学活动;③技术媒体(印刷媒体、视听媒体和计算机媒体)的使用把教师和学习者联系起来,并成为课程内容的载体;④提供双向通信,使学习者可以主动对话并从对话中受益;⑤在整个学习期间,准永久性地不设学习集体,学习者进行自主学习,但可根据教与学两方面的需求,召开必要的教学会议。

(一)自主学习是现代远程教育的必然选择

现代远程教育中教师和学习者处于准分离状态的特征,决定了现代远程教育的学习者拥有较大的学习自主权,可以较为自由地决定学习的时间、地点、内容、方法和进程。现代远程教育中学习者的学习成效直接取决于学习者的自我管理与自我控制能力。如果学习者能以学习目标为指引,自觉主动地确定学习目标、营造学习环境、选择学习方法、监控学习过程、评价学习结果,那么,学习者将会最大限度地实现学习目标。现代远程教育中学习者独立、自主、个性化、随时化的学习,与现代化学习方式——自主学习的特征是相一致的。自主学习的核心思想:学习者是学习的主体。学习者独有的认知结构、学习欲望和潜能为学习者独立学习提供了可能,通过积极的引导和支持,学习者能够对所从事和管理的学习活动及时进行自我总结、自我评价,及时对学习目标和学习计划进行调节。由于自主学习的理念有效地体现了现代远程教育的远距离网络教学特征,因此,在一定程度上讲,以自主学习为主要学习方式是现代远程教育的必然选择。

(二)构建现代远程教育自主学习模式的策略

在现代远程教育环境下的自主学习是一种极具创造性的学习模式。然而,我们必须充分认识到,虽然现代远程教育蓬勃发展,但是,由于长期以来受传统课堂教育教学模式的影响,学习者在学习心理、学习方式、学习方法、学习主动性和学习自我监控方面还不能适应现代远程教育网络学习的发展和需要,加之目前现代远程教育网上教学资源不够充分,学习者在学习过程中会受到尖锐的工学矛盾,以及学习动机的激活程度等诸多因素的影响,很容易使自主学习过程中断或半途而废,或无所适从,或为无法达到预期学习目标而苦恼,从而使自主学习的优势得不到发挥,无法达到预期效果。因此,要应用好现代远程教育的自主学习模式,还必须有一套行之有效的策略。

1. 倡导自主学习理念,增强自主学习的动力

培育学习者强烈的学习动机和浓厚的学习兴趣是保证自主学习有效进行的首要任务。制约和影响自主学习动机的因素是多方面的,对此,有学者进行了综合性的专门分析和归纳,认为在所有认识到的成人学习动机中,求知兴趣

驱使、个人职业发展、逃避现实或寻求刺激、为社会服务、来自外界的期望、扩展社交关系六种参与学习活动的动机类型是最为常见、最有普遍性的。但是,很多学习者的学习动机都带有很强的功利性因素,他们只重视学习的最终结果或文凭,而非学习知识和提高能力,因此,要培育和激发自主学习动机,需要社会、教育机构和学习者的共同关心和努力。

第一,营造有利于自主学习的社会氛围。正确理解和认识培养自主学习能力对于个体、单位及社会具有的重要价值,充分认识到现代远程教育对于造就大批高素质劳动者,推进学习型社会建设和构建终身学习教育体系的现实意义,树立科学的人才观,建立健全人才评价及使用机制,不唯学历、不唯资历,不拘一格选人才,只有这样,才能使学习者有自主学习的动力和压力,使学习动机由单纯地追求文凭转为求知和提高能力。

第二,确立以学习者为中心的思想。将自主学习理念融入学习资源和教学策略的设计和开发中,以自主学习理念来设立学习目标、组织学习材料、设计教学方案、实施教学活动。改变过于强调接受学习的现状,以引导、启发为主要方式来激发学习者的主动探究、乐于探究、勤于动手的兴趣,培养学习者搜集、处理信息和获取新知识的能力,培养学习者分析、解决问题的能力以及交流与合作的能力。

第三,在教学活动中充分发挥教师的主导作用。体现学习者的主体地位。现代远程教育中教师的作用不再是将现有的知识体系呈现给学习者,以知识传授为主,而主要是指导学习者开展自主学习,帮助学习者学会学习,学会运用自己的头脑获取新知识,实现真正意义上的自主学习。教师要经常引导学习者认识学习的必要性和迫切性,激发学习者自觉学习的热情,并关注学习者的学习需求,尤其是要帮助他们消除学习障碍,巩固学习者的学习动机;教师在学习指导中要善于引发学习者对新知识的好奇和探求之心,着力创设问题情境,激发学习者渴求知识的浓厚兴趣,让学习者产生积极情感和愿望。

第四,防止出现以"学习者为主体"的异化现象。即在现代远程教育中过于片面强调学习者的主体地位,从而产生全盘否定接受式学习方式的现象,如过于片面强调学习者的主体地位、片面强调网络在学习中的作用、过分依赖学习者的自我调控能力现象。这不但无助于激发学习兴趣,反而造成学习者对学习漠不关心,降低自主学习的愿望。

2.发挥现代信息技术作用,构建自主学习的平台与环境

在现代远程教育的教学过程中,施教者通过运用现代教育技术手段,开发和发送课程以及向学习者提供学习支持服务来实现与完成教学任务;学习者主要依赖计算机网络教学平台和应用多种媒体教学资源来获取教学信息,学习知识与技能,并得到教师的指导与帮助。在远程教学过程中,教学的意图、思路、观点等都必须通过多媒体教学资源来体现。多媒体教学资源的制作与运用效果,在很大程度上决定了现代远程教育的教学质量。因此,优化现代远程教育媒体教学资源和网络教学平台已成为提高现代远程教育教学质量的关键。发挥多媒体计算机和网络技术的特性,现代远程教育可以创设出有利于自主学习的网络平台与环境,并在网络教学过程中有效地支持和帮助学习者提高自主学习的能力,实现个体的充分发展。

创设出有利于激发学习者学习兴趣,使学习者产生强烈学习欲望的自主在线学习平台和网络学习环境的关键,在于将现代信息技术特性与先进的教学方法和学习理念相结合。一是要借助多媒体技术和网络技术所具有的特性,将文、图、声、像等不同媒体信息加以整合,将讲解、演示、测验等不同教学内容加以整合,将预备知识、当前知识与扩展知识加以整合,构建一个丰富而生动的网络学习平台与环境。二是利用多媒体计算机人机交互性强的特性,进行发现式教学。发现式教学是一种现代启发式教学方法,是根据学习者已有的认知结构特点设定问题、设置情景,并提出假设与提示各种可能,让学习者带着疑问去学习、探索的教学方法。通过将解决问题的各种思考过程装入教学程序,让学习者根据计算机的提示,寻求解决问题的思路和方法,一步步求解问题,发现和掌握规律,有助于提高学习者的分析判断能力、逻辑思维能力、钻研求知能力及解决问题能力,可以将学习知识与增强能力有机统一,将信息交流与开发智能有机统一。三是利用非线性的多媒体信息结构和信息管理技术,实现对学习资源、教学策略的合理设计,提供以"异步学习为主、同步学习为辅"的学习条件,形成便于学习者异步学习、自由配置学习进度的支持机制。学习者可以根据自己的兴趣、基础和学习需求选择适合的学习内容和学习策略,从一个主题跳转到另一个主题,从一个概念跳到相关的演示,灵活地在各知识点上自由浏览,使学习者成为信息处理的决策者,自由地选择最适合自己的方式。

3. 培养学习者自主学习能力,制定自主学习策略

自主学习能力的不足与缺失是影响现代远程教育学习效率与效果的主要因素。现代远程教育环境的学习者大多离校已久,对学习心存畏惧,不懂得怎样结合自己、专业和学科特点选择合适的学习策略。他们在自主学习中,面对众多的学习资源、学习媒体、学习手段和学习方式，往往不知所措，致使学习常常事倍功半，迷茫感和挫折感越来越强。因此，现代远程教育要从培养和开发自主学习能力入手，为学习者的自主学习过程提供持续的支持和监控，引导学习者制定自主学习策略。帮助学习者了解自主学习的特点、规律、规则，强化学习者使用在线学习平台进行自主学习的能力；帮助学习者认识自我和分析学习任务，指导学习者合理安排学习时间、学习内容和选择学习方法等，逐步具备自我管理和监控的能力，根据自己的学习需求、个性差异和学习风格，制定符合自身特点的学习策略；设置以自主学习为导向的学习目标与步骤，提供有利于自主学习的资源与信息，帮助学习者理解和建构新知识；教师要借助网络互动随时了解学习者的动态与学习效果，及时解决学习者遇到的困难，及时调整教学策略与手段，调整自己的知识传递内容和传递方式，使之恰到好处地适合学习者学习的需要，为自主学习提供教学支持与服务。

4. 加强在线交流与互动，提高自主学习的效率与效果

现代远程教育学习平台最突出的优点，是可以使远程教学活动成为一种新型的远程双向交互教学。研究表明，学习者与比自己水平稍高成员的交往有利于将潜在的发展区转化为现实的发展，并会创造出更大的发展可能。而与水平稍低于自己的学习者交往，充当指导者的角色，有利于知识的巩固和查疏补漏。由于现代远程教育的学习者的认知结构和认知水平不尽相同，生活经验与工作经验各有差异，因此，引导学习者在线交流，使学习者之间能够相互启发，并进行适当的竞争和协作，有助于提升学习者自主学习的信心，提高自主学习的效率与效果。这主要表现在以下几方面：在线交流与互动便于教师对所有学习者进行测试，并对结果进行分析，从而了解学习者的总体水平和差异，了解他们对知识的理解、掌握程度，以便及时调整教学进度、内容和方法；在线交流、互动为学习者与智能导师、在线专家、教师或是同伴交流创造了条件，使学习者能够及时了解教师的反馈和评价，使学习者可以自由地发表自己的意见、观点、看法，使学习者与教师之间、学习者与学习者之间可以方便地进行思维的碰撞，达到知识、信息高度共享和情感的相互交流，加深理解学习内容的意义，获得更为全面的专业知识的目的；在线交流与互动可以增强彼此了解，形成民主平等的教学氛围，使教学真正成为师生之间平等交往、真切互动和合作探究的舞台，进而化解时空分离的隔阂，减轻远程学习者个人学习的孤独感，满足学习者社会性交往的需求。

5.以学习需求为导向,构建质量控制体系

现代远程自主学习并不等于让学习者放任自流,而是有科学、严格的质量标准与质量控制体系,任何忽视远程自主学习质量的态度,都与远程教育的理念相悖。设立现代远程教育质量标准与控制体系,检视课程的目标、内容、资源分配和预计的结果,确保课程能充分配合自主学习的需要,是实施自主学习的制度保证。现代远程教育中的自主学习特点,决定了质量标准与控制体系不能简单地参照传统课堂教学而设立,而要以人才培养目标为出发点,以学习者的心理、生理特性为基础,以网络平台的技术特性为手段,既要能客观地衡量学习效率与效果,又要使学习者乐于接受和认同,避免出现伤害学习者的学习热情,束缚自主学习的标准和体系。

全面质量管理是由顾客的需要和期望驱动的管理哲学。现代远程自主学习质量标准设定与控制要基于全面质量管理的理念。全面质量管理原本是企业界的一种管理思想与实践,是一种通过使用各种工具、技术和培训的整合系统来让顾客感到满意的管理理论与实践,是一种组织文化承诺。全面质量管理理论包括为用户服务、全面管理、预防为主和用数据说话四个主要内容。在现代远程教育中实施全面质量管理,一是办学机构要根据市场需求制定人才培养目标,以本地区和本校学科的优势来制定学科方向,并设计多元化的教学目标,满足学习者和用人单位的现实需求,这是现代远程教学发展的方向和存在的市场基础。二是要把专业技术、管理技术和数理统计技术集合在一起,建立以预防为主、用数据说话的全方位、全过程的科学严密高效的质量保证体系,从制度上保证教学质量不断提高。以预防为主,就是对现代远程教育教学质量进行事前控制,把影响教学质量的不利因素消灭在萌芽状态,使每个教学环节都处于可控制的状态;用数据说话,就是对正确的数据资料进行加工、分析和处理,找出现代远程教育的规律,再结合专业技术和实际情况,对存在问题做出正确判断,并采取有效措施加以解决;全方位、全过程的监控就是要对自主学习的全过程进行检测,对自主学习的资源、计划、完成学习任务的时间、学习技术环境等方面进行实时和非实时监控,使每个教学环节都处于可控制的状态,以形成远程自主学习的制度文化。

二、现代教育技术的计算机教学模式

在促进教育技术实践以及应用的过程之中,多媒体信息技术备受关注,多

媒体信息技术符合时代发展的要求,能够更好地呈现教育模式的时代性、先进性及新颖性,促进教学质量不断提升,真正地推动教学资源的合理利用。教师也能够通过现代教育技术的有效应用来真正为学生创造良好的学习和成长机会。在推动新课程改革的过程之中,现代教育技术与计算机专业教学之间的联系越来越紧密,许多教师结合人才培养的实质需求,以现代教育技术的应用为依据,不断地培养和提升学生的计算机能力,更好地推动计算机技术的进一步发展。

(一)实现师生之间的有效互动

我国素质教育和新课程改革明确强调,教师在教育教学实践的过程中必须站在学生的角度了解学生的主体需求,积极地为学生提供力所能及的帮助,鼓励学生进行进一步的研究和探索,不断地促进理论教学和实践研究实践的紧密结合。在落实素质教育的过程中,师生之间的有效互动尤为关键,只有真正建立良好的师生互动关系,才能够在第一时间吸引学生的注意力,保证让学生与教师能够实现相互发展和相互帮助,更好地促进教学质量和教学效率的稳步提升。在实践教学的过程之中,许多教师以现代教育技术的应用标准为依据,计算机教学所涉及的内容和形式相对比较复杂,如果教师能够以现代教育技术的应用为切入点,积极地将不同的教学策略与现有的教学内容的展现相结合,体现教学内容的生动性和形象性,帮助学生深入理解教学内容,那么就能够真正为学生的个性化成长与发展提供更多的机遇。教师需要结合计算机控制以及现代教育技术应用的相关要求,引导学生掌握不同的计算机操作方式,提高学生的计算机操作和应用能力,保证学生能够掌握计算机应用的相关技巧。

(二)改变了传统的教学模式

传统的计算机专业教学活动只关注教师的被动知识灌输,学生无法在教师的引导之下主动思考,这种机械性的填鸭式教学模式不仅严重影响了教学资源的优化利用和配置,还难以真正发挥不同教学活动的作用和价值,教师直接采取板书的形式对不同的内容进行呈现,其中语言讲解和知识的传授在整个教学实践的过程之中占据主导地位,学生只能通过学习笔记的形式对不同的知识进行学习,个人的主观能动性以及积极性严重不足。另外,结合相关的实践调查不难发现,以教师为主的教学模式不仅不符合我国素质教育的学制要求,还导致学生难以掌握教学秩序之中的核心和重点。在落实素质教育过程之中,现代教育技术与教学活动紧密联系和互动,教师可以调动学生的主观能动性为目的,不断地培养和提升学生的计算机操作能力,充分地体现现代教育技术在计算机教学模式中的优势,更好地摆脱传统应试教育的桎梏,真正在尊重学生、理解学生的前提下为学生提供更多自主参与的机会,充分发挥教师的引导和组织作用,保障信息资源能够突破时间和空间的限制,促进学生的个性化成长以及全面发展。

三、翻转课堂教学模式

从形式上看,翻转课堂是对传统教学过程的颠覆。学习过程是由知识传授和知识内化两个阶段组成的。知识传授是指教师通过多种教学法将知识传递给学习者的过程。知识内化是将传递的知识通过学习者的认知活动重新组合而转化成内部能力的过程。传统的教学过程是在课堂上完成知识传授,课后完成知识内化。而翻转课堂是将这两个阶段的顺序进行了调整。课前学习者通过观看教师提前准备的视频完成知识传授,而知识内化则是在课堂上通过讨论和习题作业来完成的。表面上翻转课堂翻转的是"时间",但本质上所翻转的是原有的组织模式——将教师与学生重新组织,以更加符合学生发展的特点以及发展的需求,是对课堂和课外的教学形式进行了一次重要改革。

四、现代教育"互联网+"平台发展新模式

"互联网+"模式已经渗透到人们的生活和工作中,其中最大的变化在于思维,使人们的思考模式和处理问题的方法发生本质的改变。理论界对"互联网思维"定义不同,但是主要体现出的思想有以下五个方面:一是互联网从转型升级的角度,要有极致、开放和扁平的思维模式;二是互联网从商业化角度,强调技术创新,树立竞争意识,重视用户体验,所以互联网思维强调互联网精神、互联网理念和互联网经济;三是互联网从社会化角度,强调智慧化、分享思维、低成本差异化;四是互联网从思考方式的角度,主要考虑到便捷、表达、大数据、免费、用户体验;五是当互联网技术发展到一定阶段后,就会形成互联网思维。比如,雷军的"雷七诀"——"专注、极致、口碑、快"。马化腾也有"马七条":①连接一切;②互联网+传统行业=创新;③消费者参与决策;④开放式协作;⑤大数据资源;⑥顺应潮流;⑦风险对互联网产生的作用。当前,关于互联网思维阐述

的主要内容包括用户、极致、简约、流量、迭代、平台、社会化、大数据、跨界思维、标签、产品、痛点、尖叫点、爆点、粉丝、整合思维等。

第二节　创新策略的制定与实施

一、新型现代教育技术及教学模式

(一)利用网络化的教学模式来进行现代教育技术的课程设计

随着我国信息化科技水平的提高,互联网已经进入千家万户,网络的应用给人类带来进步的同时,也给人们的生产和生活带来了很大的困扰,尤其是一些不健康的网站对青少年学生的侵害非常大,致使一些家长和教师谈起网络来都会敬而远之,害怕孩子们会中了网络的毒,因此也使一些网络教学及应用很难开展起来。

1. 把学生置于网络环境中让其学习

处于青春期的学生都具有逆反的心理,如果对他们进行强制性的禁网,他们就会想方设法地用一些不正当的手段去玩一些网络游戏等,倒不如直接把他们置于网络环境中,给他们一定的学习任务,让他们进行自主学习。当然,教师对于网络教学的设计一定要科学而合理,对于课程的安排更要劳逸结合,让学生在网络或多媒体教学的环境中学到更多的知识,同时也不能用过多的网络作业来浇灭他们学习的热情。这就需要对网络环境进行合理的布置,把教学模式分成不同的要素,既要把网络当作教学活动的载体,也要让网络成为提高学生们学习积极性和主动性的工具。

2. 加强教师对教学过程的控制与监督

要想让学生在网络环境中不迷路,首先教师必须对这种新型教学模式的设计做到尽善尽美,做好对网络教学与学生之间的利害关系等的前期分析工作,搜集与网络资源及教学相关的一些资料信息,对其教学的设计做好充分的准备,这样才能为教学的实施创造更为有利的条件,使教学设计的各个环节都能落到实处,也才能真正做到了解学生,根据每个学生的不同特质进行不同类型的课程设计及开发,让网络教学成为学生的好伙伴。其次就是要做好课后的评价,教学过程的优劣只要经过评价就会变得一目了然,而且通过科学、合理、客观的评价不仅可以对教师的教学结果做出评定,还可以看出每个学生的薄弱环节,进而完善教学过程,革新教学设计,进行有侧重点的教学,完成教学任务。

(二)用网络化的教学模式来进行现代教育技术的实践

只有实践才能出真知,教师所采用的新型教学模式是不是真正有效,只有通过实践才能证明。千百年来,我国教书育人的教学模式都是以课堂教学为主,教师站在讲台上进行着一个人的独角戏,学生只是撑开口袋往里面塞知识,塞得越多越容易造成"消化"不良,使整个教学体系陷入呆板、单调而又无所成就的境地。但自从教育体制改革后,对各种教材、课本也进行了一定形式的改编,对于以前一些枯燥的知识,也融入了一定量的图片、讲解,其目的是激发学生的学习积极性。因此,教师一定要在新形势下适应新课改的需要,把沉闷的课堂变得生动、活泼,用新型的现代教育技术来激发学生的学习热情,用多媒体网络的新奇性来激发他们的求知欲,使课堂教学取得更好的效果。

网络教学情景化。处于学习阶段的学生虽然动手、动脑能力不太强,但他们却乐于参与、愿意动手,所以,教师要想改变课堂上"死气沉沉"的局面,就一定要改变学生的思维意识,为他们创设各种学习的场景,让他们在其中做导演、做演员,在完成教材所要求的知识学习的同时,也锻炼了他们的沟通能力,培养了他们的发散性思维能力。比如,教师可以根据语文教材内容进行合理的情景安排,可以做演讲、分角色地阅读或表演,只有把对学生的阅读教学放在一个网络化的大环境中才能更好地培养和提高学生的阅读能力,才能为学生的语言素质水平的提高奠定基础,也可以使他们从中汲取到更多、更有价值的文学营养,把他们培养成为有文化、更有素养的新时代接班人,同时也让课堂教学呈现出一片新景象。

网络教学生活化。多媒体教学的方式虽然可以激发学生的学习兴趣,但毕竟是虚拟化的,而情景教学也是教师在一定的环境中设计出来的,只有生活化的教学方式才更贴近学生,更深入学生,所以可把学生对于网络教学的学习过程放在活生生的生活实例中,实现网络与实际教学的合作性、开放性,使新型的教学模式给予学生更多的乐趣和兴趣,提高他们的学习积极性和主动性,让他们快乐地学习、生活,健康地成长。

二、现代教育技术的计算机教学模式

(一)基于互联网技术的开放式教学模式

首先,互联网技术在现代教育技术中的应用非常广泛,该技术的应用不仅能够促进教学质量的稳定提升,还能够真正发挥计算机技术的使用价值,与其他的信息传播模式相比,网络的共享性、开放性以及有效性更为明显,学生能够积极地利用不同的网络平台获取不同的知识。其次,网络能够有效地突破时间和空间的限制,尽量地避免传统课堂的桎梏和不足,结合课堂人数、课堂地点以及教学实践的具体情况对不同的活动进行合理安排,保证学生能够结合个人的实际情况了解不同的知识,真正地参与到学习过程之中,更好地满足个人发展的需求。教师则可以站在宏观的角度,在恰当的时间段为学生提供更多的引导和帮助,鼓励学生自主选择适合自己的学习方式和学习资料,促进个人学习能力和水平的综合提升。

(二)基于多媒体技术的演播室教学模式

现代教育技术所涉及的内容和形式相对比较复杂,不同模式所发挥的作用区别较大,多媒体技术在实际应用的过程之中备受教师好评。与其他的技术相比,多媒体技术的应用范围较广,同时门槛较低,因此能够更好地吸引学生的注意力。在具体实践教学的过程之中,教师可以在教学大纲的指导之下提炼出其中的重点和难点,对不同的教学内容进行形象生动的展示,关注学生学习积极性的提升,更好地将不同的教学环节相结合。在对不同的多媒体技术进行应用的过程之中,教师可以采取在演播室开展教学活动的形式来对现有的教学内容进行合理的设置和安排,不断地活跃课堂气氛,给予学生更多的帮助,激发学生的学习兴趣,让学生能够在自主学习和小组内部合作的过程之中真正掌握计算机学习的重点。

(三)基于虚拟实验室的模拟式教学模式

模拟式教学模式在新的时代背景之下取得良好的效果,这种教学模式还能够弥补学生在想象力和逻辑判断力上的不足,真正实现理论教学与实践教学之间的紧密结合,促进教学质量的稳定提升。如果以现代教育技术为基础积极地落实不同的计算机教学模式,那么教师可以采取设置虚拟实验室的形式,将模拟教学活动与现实教学主题活动相结合,鼓励学生积极地在模拟实验室中进行主动的判断,了解实验的全过程,真正掌握计算机学习之中的操作要求,促进个人实践动手能力水平的稳定提升。教师还可以借助这种模拟式教学模式有效设置不同情境,实现抽象内容的具象化,更好地加强学生的理解和记忆,保证学生能够真正掌握计算机学习之中的重、难点。以现代教育技术为基础的计算机教学模式在新的背景之下产生了较大的变化,教师在计算机教学实践中,必须根据现代教育技术应用的相关要求,分析这一种技术对学生的影响和作用,积极地采取符合学生发展特点的现代教育技术,更好地推动计算机教学活动的有效开展。只有这样,才能够更好地实现学生的个性化成长,突破传统应试教育的桎梏和弥补不足。

三、翻转课堂教学模式

(一)翻转课堂的意义及价值

从形式上看,翻转课堂是对传统教学过程的颠覆。学习过程是由知识传授和知识内化两个阶段组成的。知识传授是指教师通过多种教学法将知识传递给学习者的过程。知识内化是将传递的知识通过学习者的认知活动重新组合而转化成内部能力的过程。传统的教学过程是在课堂上完成知识传授,课后完成知识内化。而翻转课堂是将这两个阶段的顺序进行了调整。课前学习者通过观看教师提前准备的视频完成知识传授,而知识内化则是选择在课堂上通过讨论和习题作业来完成。表面上翻转课堂翻转的是"时间",而本质上所翻转的是原有的组织模式——将教师与学生重新组织,以更符合学生发展的特点和需求,对课堂和课外的教学形式进行了一次重要改革。

(二)正确实施翻转课堂

学生也不是纯粹孤立地观看视频,而是要参与实质性的社交讨论和课堂互动,发现问题,分析问题,解决问题。学生成为问题解决者的主体,教师成为其协助者。翻转课堂可以让所有学生参与到学习中,促进师生之间的互动和个性化沟通。一门成功的翻转课堂,其操作要点必须达到以下条件。

1.视频的制作与设计

翻转课堂对教师制作视频的水平提出了更高的要求。视频不是课堂教学的录制,而是具备短小精悍、信息清晰等要素。根据人的接受能力分析,通常在10分钟以内人的专注度最高,因此视频的播放时间应控制在15分钟左右,力争在较短的时间内,就把知识点梳理清楚。视频内容可以在计算机设备及网络中长期保存,随时进行修正和提供查阅。

2.学习问题的设计

为了达到更好的教学效果,教师应该在学生观看视频之前,就设计好相关的问题,让学生带着问题去学习,边看视频边思考。视频不是课堂,因此在时间允许的情况下,学生可以重播或着重在某个点重复观看。对于不懂的地方,可以通过互联网优质资源查询资料。

3.学后问题的提出

通常情况下,学生不可能通过观看视频就能解决学习中所有的问题。课外看视频,只是允许学生在独立的空间自我学习,学习时间是自我控制的,但是学习中产生的难点或困惑,单靠学生个体不是能一次性全部解决掉的,即使有网络资源的帮助,也难以做到。这就需要学生把自己的问题带到课堂中来,由教师组织,进行师生面对面的交流和同学间的讨论。对共性的问题可以集中商讨,寻求解决办法,对个体问题可以单独交流。

4.课堂的组织

教师应该改变课堂中的角色,由原来的讲授者转变成"教练"或者"训练者",训练学习者发现问题、分析问题、解决问题的能力。观看视频是一个接受知识的过程,讨论是将知识转变成能力的过程。视频是基础,讨论才是目标,有目的的讨论对学生知识的学习和能力的培养都具有积极意义。

(三)教学质量控制

学生的学习过程由两个阶段组成:信息传递和吸收内化。信息传递主要是通过观看视频、师生互动来实现的;吸收内化需要教师了解每个学生的掌握情况,根据学生的不同特点以及出现的学习困难,在课堂上给予有效的辅导。因此,教学质量的控制可以从信息传递和吸收内化两方面入手:通过质量监控表格的形式了解学生观看视频、吸收知识的情况;通过课堂问答的形式掌握学生对学过的内容是否有举一反三的能力。作为一种新兴教育模式,翻转课堂使教学更科学、学习更主动,与其他教学方法相重叠,充分发挥现代信息技术的优势。与传统教育相比较,可增强课堂的互动性,体现学生个性化教育。在现代职业教育中融入翻转课堂,如能结合职业教育的特点,科学地运用翻转课堂技术,真正体现出其优势,对促进职业教育乃至普通教育的改革与发展都会产生深远的影响。

四、现代教育"互联网+"平台发展新模式

现代职业教育"互联网+"平台主要包括六大板块,即用户平台、管理平台、职位平台、效果平台、流程平台、反馈平台。现代职业教育"互联网+"平台不是单纯地将现代职业教育与互联网简单相加,而是让现代职业教育打破发展"瓶颈",实现信息化的网络技术手段。互联网思维的出现便于教育者更加合理、更加便捷地创新、融合网络技术,使现代职业教育真正实现"互联网+"平台发展模式。"互联网+"是新的思维意识形态、社会发展形态、经济发展形态和科技发展形态,作为一种平台化发展的思维模式,可以创造教育生态平衡。

(一)构建现代职业教育"互联网+"用户平台

用户平台的构建充分运用互联网用户的流量思维进行社会化思维,使职业教育不再局限于职业学校教育的范围,把和职业教育相关的社会人员、行业企业以及专业技术、知识技能融入互联网平台,同时网络平台也不再是毕业生寻找岗位的手段,而是现代职业教育体系使用者以及包括企业等在内的使用者,将最为前沿的教育资源展现在教育者面前,进而改变社会上对现代职业教育片面的看法,也让面临中、高考的青少年可以根据自身的情况规划发展。用户的平台构建要实现实名制管理,以共享为目标、以诚信为原则,让用户分享到不同身份、不同教育经历、不同工作经验的用户信息,让每个人都可以了解我国产业结构的发展。我国中西部地区也可以借助"互联网+"用户平台实现资源共享。现代职业教育"互联网+"用户平台对于企业的发展十分有利。为实现企业与学校更加深入的合作,企业可以根据市场对人才的需求向现代职业教育的发展提出建议,以此更好地解决学生的就业问题,有利于新兴行业不断吸纳新鲜的血液,进而实现我国产业结构的调整,同时以此作为"互联网+"用户平台的发展基础,调动其他行业参与职业教育的积极性。

(二)构建现代职业教育"互联网+"职位平台

现代职业教育"互联网+"职位平台建构主要借助互联网简约思维,以网状

思维把工作职位按照产业领域、行业特点划分,通过"互联网十"职位平台可以让求职者更加明确自身的定位,最大可能地实现与企业的入职匹配,在满足求职者需求的同时也对企业发展有利。具体来说,企业在"互联网十"职位平台发布职位信息,要保证所发布的信息真实,并且申请发布职位后由教育行政部门严格审核。同时,教育行政部门需要对企业的职位需求进行融合,结合职业学校的专业定期更新内容,进行职位匹配。

(三)构建现代职业教育"互联网十"课程平台

现代职业教育"互联网十"课程平台主要的教学手段是电子教室和课程教学,并且该平台紧密联系用户平台以及职位平台。随着信息技术不断发展,在当前的职业教育中也加速推进着教育改革,比如,多媒体的网络化教学、慕课平台教学越来越多,使得现代职业教育有了更多的教育选择和教育空间;并且有效解决了传统课程教学的滞后性问题,为学生带来最新、点击量最高的咨询和课件内容;学生能够在丰富的情境下学习,可以更好地实现理论和实践相结合,不仅做到深入浅出,还做到通俗易懂,同时教学内容紧密地围绕社会发展需求,也满足了学生的个性化需求。

(四)构建现代职业教育"互联网十"效果平台

"互联网十"效果平台描绘了我国经济发展在新时期下产业转型升级的新风貌,真实地反映了各行业对人才的需求情况,这也是现代职业教育未来的发展方向,其根据互联网社会化思维展示出不同的效果。在经济高速发展时期,更加需要在网络环境下形成科学的、完整的人才需求标准,随着产业结构转型升级的进行,人才缺口问题凸显,需要加大对技术型人才教育的改革力度。在"万众创新、大众创业"的浪潮下,企业的发展更加离不开人才的支持,企业的创建初期和成长期是现代职业教育参与其中的宝贵时期,需要现代职业教育加强对技术型人才的培养。互联网时代下的企业发展速度飞快,现代职业教育职能要"反客为主",主动服务于社会发展,并且积极参与产业结构调整,主动将培养的人才与企业不同发展阶段快速匹配,这是突破现代职业教育发展"瓶颈"的有效路径。

(五)构建现代职业教育"互联网十"反馈平台

现代职业教育"互联网十"反馈平台基于以下思维构建:平台思维、大数据思维、流量思维、极致思维。这样可以及时发现问题，并且提出解决问题的有效方案，可以为用户带来更加优质的体验，打造出包括用户平台、课程平台、职位平台、效果平台的信息。通过对数据的分析和预测，及时和真实地让现代职业教育更加具有实效性，实现职业学校与个人用户、企业用户与学校、个人用户与职业学校之间的交流。综上所述，在时代的发展浪潮中，现代职业教育必将加强对网络技术的融合，"互联网＋"平台的打造是现代职业教育与互联网信息技术融合的有效手段，当前已经取得良好成效，相信在继续磨合中会进入更加崭新的发展阶段，实现现代职业教育对人才更好的培养，为社会输送更多的人才。

第四章　职业教育信息化创新的技术支撑

第一节　新兴信息技术在职业教育中的应用

一、信息技术与教育信息

所谓信息技术，其中"信息"是关键词，信息与物质、能量共同构成了我们生活的世界。在人类生产和生活的各个领域，都离不开对信息的依赖，人们通过获取、处理、利用和控制信息，来认识和改造世界。而对信息的处理方式，则经历了从手工、机械到电子计算等不同阶段。正是由于 20 世纪计算机技术和网络技术的先后发展，信息处理的效率发生了质的飞跃。信息技术，是用于管理和处理信息所采用的各种技术的总称，又被称为信息和通信技术，包括传感技术、计算机与智能技术、通信技术和控制技术。信息技术是基于计算机技术所开发的互联网环境，通过计算机网络和其他电子手段对信息进行收集、处理、加工和传播，其加快了信息传输的速度，拓宽了信息获取的渠道，具有技术事实和应用形态两个方面。技术事实方面，即信息技术不断发展所衍生出的新型技术，如大数据技术、虚拟现实技术、3D 打印技术等；应用形态方面，即网络普及、信息技术的应用所产生的产品和成果，如以电子方式呈现的视频、图片、软件等。而教育信息化就是通过信息技术与教育行业的深度融合，将各种信息技术手段应用于现代教育的教学管理和科研中，对教育信息资源进行深度开发与利用，以此推动和促进教育改革，不断提高教育教学质量和效益，培养适应信息化社会要求的、具有较高信息素养的创新人才，真正实现教育现代化。在教育信息化进程中，信息技术是重要的工具，但如果不能科学、合理地对其进行应用和管理，就有可能对现代教育的发展产生诸多负面影响。

二、信息技术在现代教育中的应用

万维网（Web）技术的出现，在全球范围内构成了一个庞大的、能够共享的信息网络集合，基于 Web 的客户端和服务器程序，让每个用户都能够获取这个系统中的资源。正是由于信息技术的不断发展，促进了各种资源共享平台的出现，教育得以从"传统"走向"现代"。而信息技术在现代教育中的应用，也走过了计算机单一课件辅助教学、教育资源的开发共享、信息技术与教育教学的深度融合等不同阶段。随着计算机向微型化、多媒体化发展，在计算机硬件、系统软件和课程软件的配合下，计算机能够帮助或部分替代教师向学生传授知识。开发者利用通信技术、个人计算机、网络编程语言，对不同学科进行课程软件的开发；而学生在多媒体教室系统中，通过计算机或大屏幕投影，对多媒体教学内容进行学习。这种教学模式比传统的方式更加生动、形象、准确，并具有可复制性，因此极大地提高了教学效率；随着计算机技术的发展，加速了信息化时代的到来，网络信息技术的发展使"知识共享"的脚步加快，优质教育资源的共建共享在全球范围内得到快速发展。例如，美国麻省理工学院率先启动了"开放课件"，将其教学资源向人们免费发放。20 世纪以来，优质教育资源的共建共享和全球范围内的快速传播，促进了教育的均衡发展。目前，网络信息技术极大地改变了教学模式和学习方式，人工智能、大数据、云计算等新技术的发展与成熟，为现代教育提供了强大的技术支撑，从数字资源、多媒体教学到在线教育模式，信息技术已经成为现代教育改革和发展的重要力量。

三、信息技术对现代教育教学的变革

(一)优化教学环境

信息化的教学环境，是信息技术给现代教育带来的根本改变。网络信息技术具有共享性、多元化、互动性和即时性的特点，为现代教育营造了一个智能化、网络化和多媒体化的教学环境。在传感技术、通信技术和计算机技术的支持下，教师能够通过改变教学方式来提高教学效益，而学生能够在"自主、探究、合作"的学习环境中，不断充实自身的知识结构。例如，在网络、多媒体设备的支持下，学生能够获取更多的教学资源，既能够从课堂教学中掌握必需的知识，又能够学习到自己感兴趣的学科或领域的教学内容。

(二)转变教育教学理念

网络信息技术的介入,使传统的教育观念发生了根本性的转变。现代教育不仅仅局限在课堂教学中,教师和学生之间不再局限于面对面进行知识的传授和习得。在这个知识爆炸的时代,"互联网＋教育"的理念,能够改变人们学习和认知的方式,建设学习型社会,构建终身教育体系。网络无处不在,高普及率的便携式移动学习终端和海量、开放的教育资源,使泛在学习成为未来教育发展的重点。技术的革新极大地推动着现代教育教学理念的转变,进一步促进了学校教育功能的变化和发展,教学思维也在向技术化和智能化转变。

(三)创新教学管理模式

网络信息技术在不断改变着传统的教学管理模式、教学计划、教学组织和教学质量等。网络信息技术的强大工具属性,正在发挥越来越重要的作用。在现代教学中,管理者能够运用基于网络信息技术开发的教学管理系统,对教师的教学和学生的学习进行全方位跟踪和分析,监督和评价教师的教学行为,便于教学反思;同时对学生的学习状况进行监督和量化,了解每位学生对知识掌握的程度。目前,基于大数据和云计算的智能校园建设正在如火如荼地进行中,现代教育改革正向智慧教育迈进。

第二节　技术融合与创新驱动

一、现代教育技术装备在教学中的应用

在新课程改革背景下开展教学工作,应当有效应用现代化教育技术装备,进一步丰富课堂教学内容。例如,在教学中可以将信息技术当作学生学习的重要工具和载体,有效应用多媒体技术,将抽象枯燥的知识变得形象生动起来。通过多媒体技术对文本和声音、图像与视频等的综合处理,为教学编制多元化的辅助课件,创造出栩栩如生的教学环境,能够为教师的教学、学生的学习提供形象的工具,激发学生的学习热情,有助于改变传统单调的教育模式,进一步促进教育教学改革可持续发展。

(一)信息技术在教学中的应用

新课程标准中明确提出,应当将信息技术当作学生学习新知识与解决问题的重要工具,彻底改变学生的传统落后学习方式,让学生能够自主且有较多的精力投入有探索性与现实性的教学活动中。在教学活动中应用以多媒体计算机与通信网络为标志的信息技术,可有效提高学生的学习兴趣,进一步提高课堂教学的效率和质量。应用多媒体技术对文本、图形与动画进行综合处理,为教学编制栩栩如生的教学课件,有助于教师教学工作的顺利开展。同时也能够改变传统落后的教育模式,使学生能够轻松愉悦地学习,由此可以看出多媒体技术的出现与应用,为教学手段的改进提供了新的机会,产生了难以估量的教学效果。例如,在学校教学过程中应用多媒体课件,能够验证很多数学结论,应用电子课件演示直线无限延伸,也可以展示长方体与正方体相对面积相等,可以展示一个角的两边缩短或延长都不影响角的大小。通过借助多媒体课件的展示,能够使学生验证结论,也能够解决实践教学中的多项难题。

(二)实验教学在教学中的应用

实验教学为学生创造了轻松愉悦且自主参与的条件和机会,为学生提供了具有现实意义且富有挑战性的内容,有助于激发学生的主动参与热情和探究欲望。动手实验、自主思考、小组合作,有助于学生加强知识的有效吸收和内化。在实验过程中,教师应当留足学生自主探究的时间与空间,使学生能够获得从事学习活动的机会,鼓励学生选用自己喜欢且切合实际的认知方式探索发现,有助于学生在课堂上真正自主发展,培养学生的探索精神。例如,"测量石块体积"这节内容,教师可以先引导:"同学们在日常生活中,有些东西既不是长方体和正方体,也不是圆锥体和圆柱体,如这块小石头、这个鸡蛋与这个苹果有各自的形状和特点,很不规则,我们将这样的物品称为不规则物体。它们的体积是如何测量与计算的呢?"然后教师举起小石头和半杯水,让学生观察杯子中的水位线,提出问题:"同学们,你们考虑一下,如果将小石头放进杯子中会产生什么现象,你们想到了什么呢?"教师在一番引导和点拨后将全班学生分成若干个小组,鼓励学生以小组的形式进行探讨与实践操作,教师作为活动组织者也可以参与其中,了解小组的学习方案,并且有针对性地指导困难的小组。在学习这一节内容时,引导学生自主设计测量方案,能够体现合作探究过程,也能够生成多种测量方式,并且确保实验结果的科学性与开放性标准中,体现以学生发展为中心的教学观念。

(三)加强多学科的有效融合

在新课程改革背景下,应当进一步加强多元化学科的有效融合,有助于提高学生的学习能力,进一步增强综合素养。例如,美术在数学教学过程中能够起到一定的引导与促进作用,直观生动的图画更能够激发学生的数学学习兴趣。由于数学知识过于枯燥乏味,久而久之学生会产生厌烦心理,难以集中注意力,但是在数学教学过程中配上栩栩如生的图画,能够将学生的抽象思维转换为形象思维,降低了数学教学难度,学生在学习过程中也会激发学习兴趣。将美术知识应用于数学课堂中,能够发展学生的形象思维能力与感悟能力,使学生在感受美术魅力的同时增强数学学习技能。例如,学习"点阵中的规律"这节内容,可以在引导学生认真观察点阵图的画面后,提问:"同学们,点阵图中的点是胡乱摆放的吗?"学生经过观察后回答:"是有规律的,并不是随意摆放。"然后教师出示电子课件:一组点阵图。再引导学生分析:"让我们来看一下点是如何排列的。"学生观察后回答:"点是根据行和列的依次增加摆下去的。"然后教师总结:"这就是点的排列规律,同学们,你们猜猜下面五个点阵是如何排列的,一共有几个点呢?"鼓励学生通过亲自操作掌握知识。由此可以看出,兴趣是最好的教师,美的画面有助于激发学生的学习欲望,形式多元的图形也能够使学生感受到数学知识的绚丽多彩。

二、网络教研在教学中的应用

当前我国信息化技术与互联网技术进一步发展,对专业化教师队伍建设提出的要求也进一步增多,网络教研和教学有着密切的关系,网络教研的最大特点就是能够进行资源共享,使每位教师的知识进行快速更新,也为教师提供了展示自我交流与互动的重要平台,促使专家和教师、教师与教师之间的交流更加灵活,更加开放。综上所述,我们能够看出,随着教育教学改革的进一步发展,新一轮的教育课程改革全面开展,现代教育技术装备已在教学中得到广泛应用。所以在日后的教学过程中,应当以信息技术为核心加强多元学科的有效整合,提供多元且丰富的教学材料与器具,有助于丰富课堂教学方式,进一步创新课堂教学内容,改变传统落后的课堂教学结构,为课堂教学的发展注入新的生机与活力。

三、计算机科学技术在现代教育中的具体应用

(一)课堂运用过程

课堂教学应用计算机科学技术,可以丰富教学内容,使得整个教学过程更加生动、新颖、灵活,还能够有效促进教学方法的改进,拓展教学内容。在课堂教学中,采用多媒体技术将传统的板书教学转变为计算机教学,以课件的形式呈现板书,使用色彩鲜明的图案与视频内容,既可以减少教师板书书写时间,提高学生学习的积极性,又可以有效利用课堂教学时间展开全方位的教学,极大地促进教学效率的提升。应用计算机科学技术,教师可以根据学生的学习兴趣制作个性化课件,依据教学内容设置多样化的课程内容以及开放性的问题,积极引导学生展开学习,激发学生的学习兴趣。例如,在大型物理、化学实验中,教师可以通过生动的视频内容,展示整个实验过程,依据教学内容设计课件,分步骤地放给学生看,使得学生能够身临其境地展开学习,不断思考实验过程,更快、更好地吸收知识。

(二)在多媒体课堂中的应用

计算机科学技术在多媒体课堂中的应用,是将计算机技术与多媒体融合,用计算机、控制软件以及多媒体音、视频输入设备等组合,在传统教学过程的基础上,合理运用计算机科学技术与音、视频,丰富教学内容,开展多样化的教学活动。教师在教学中可针对学生的学习特点进行个性化教学与辅导,采用合适的计算机资源展开教学。例如,在语文课堂中,教师可以截取相应的电影片段进行教学;数学课堂中,通过实际计算情况,操作计算机软件完成整个过程的计算与图像绘制。利用计算机技术的多种功能,为学生营造真实的学习环境,在激发学生学习兴趣的同时,让学生处于主动学习状态,探索与吸收知识。

(三)预习环节中的应用

学生在预习环节中也可以采用计算机科学技术,依托于计算机科学的网络优势,针对预习中存在的问题进行检索,有针对性地展开课前预习,在教师的指导与帮助下提高预习效果。教师可以将一些预习资料上传到空间中,学生在空

间中下载资料,进行课前预习,并按照预习要求上交相应的资料,教师根据资料对学生预习效果进行评价,可动态掌握学生的学习进度及学习重、难点,并以此进行教学设计,可提高教学活动的精准性,拓展学生的知识面。并且通过空间展开交流,教师可节省大量的时间,在课堂上直接针对学生的学习不足,展开教育教学,构建高效教学课堂,有利于提高学生的学习效率。

(四)计算机科学技术在现代教育中的应用注意事项

虽然计算机科学技术的应用可有效增强教学的实效性,但为了避免走形式主义路线,正确合理地运用计算机科学技术,学校在推广计算机科学技术的时候,需要将传统教学手段与计算机科学技术融合,不能一味地贬低与完全否定传统教学模式,要实现两者的优势互补,有效发挥计算机科学技术的优势。还有,在计算机技术应用中,可大力推广远程教育、网络教育以及开放性教育,但也要注重教师面对面指导与监督,实现线上与线下教育一体化,全方位针对学生学习情况进行管理与监督,促进教与学的共同改革创新,实现教学的有效统一。

综上所述,现代教育体系正在积极寻求新的教育突破点,以突破传统教育的限制,与时代共进退,培养出满足现代化社会发展的专业性人才。计算机科学技术在现代教育中的应用,可有效打破传统教育空间的限制,从现代教育空间入手,依托于现代信息化发展平台,实现在整个教育空间上的延伸。

三、现代教育技术在心理健康教育课堂中的应用

随着教育教学环境的不断优化,多媒体和网络等现代教育技术被越来越广泛地运用于课堂教学上。来自多个学科的教学实践研究表明,现代教育技术的使用对于提升教学效果有极大的帮助。从心理学的角度来讲,注意力是学生获取知识和体验的前提。而现代教育技术能更容易地将图、文、声、动画、视频等信息呈现给学生,有效集中学生的注意力,调动学生学习的积极主动性。对以活动和体验为主的学校心理健康教育课堂来说,运用现代教育技术能更好地创设课堂活动的情境,加深学生对心理主题的体验,有利于课堂互动、分享与感悟。然而,在实际的教学中,我们也不难发现,有些心理健康教育课存在对现代教育技术的运用不恰当、不合理的情况。

这主要表现在以下三个方面。①呈现信息的方式不合理。例如,文本大段

呈现,忽略了字体大小的调整,导致学生接收文本信息的效率不高。又如,案例资料仅使用文本形式来呈现,呈现信息的形式过于单一。②资料选用不恰当。例如,所选用的图片、音乐与当堂心理课教学内容关系不大,甚至不相符,反而给学生的认知和体验造成一种负荷;课堂使用的音频、视频资料仅仅局限于网络下载,很少原创,难以真正做到从学生当下的学习和生活实际出发。③在课堂上过于依赖现代教育技术。例如,有的课堂呈现了过多的视频或音频资料,课堂上大部分时间学生只是在被动地接受心理健康教育知识,缺少主动参与。对现代教育技术的不合理使用甚至滥用,不仅没有给心理健康教育课堂锦上添花,反而对学生的体验和感悟造成重重困难,的确需要得到重视与改进。为了实现促进学生体验和感悟的教学目标,在心理健康教育课堂中运用现代教育技术,需要以学生的身心发展为出发点,结合课堂主题特点,合理使用多媒体与网络等资源,以便用对、用好现代教育技术。本节将对在心理健康教育课堂中使用文本、图片、音频、视频、网络、应用软件等信息技术资源进行深入而详细的探讨。

(一)文本的使用

在心理课堂中,文本大多被用来呈现活动规则、介绍案例、讲解心理学相关理论,这往往需要大量的文字。然而,对投影在屏幕上数量巨大的文字进行加工很容易让人感到吃力,这使得文本阅读基本处于低效状态。为了让学生更高效地获取呈现在屏幕上的文本信息,可以从以下四方面入手。第一,将呈现在屏幕上的文本行数控制在一定范围内,尽量避免在屏幕上呈现数量巨大的文字。例如,一页 PPT,一般将文本控制在 7 行左右比较合适。第二,用呈现关键词代替整篇文本。例如,在介绍案例时,以教师的叙述为主,屏幕上配合呈现案例中的关键词。这种方式要比直接向学生呈现完整的案例文本,更容易让学生集中注意力并快速理解。第三,在确实需要大量文字同时呈现时,可将文本内容模块化。例如,心理课堂中一些复杂的游戏规则和活动要求,可以用带颜色的文本边框将所要呈现的文本内容分块列出,并跟随教师的讲解相继呈现。需要注意的是,模块应在一页 PPT 内,也不宜过多。第四,选用字体、字号及颜色要协调,一般不要频繁变换。文字的颜色根据 PPT 背景颜色来确定,例如,背景为深色,文字选用浅色,背景为浅色,文字则选用深色,尽量形成较为鲜明的对比。

(二)图片的使用

在多媒体课件中穿插图片,或者用相应的图画做 PPT 背景可以达到视觉美化的效果。部分主题的心理课中,采用合适的图片,的确更有利于烘托课堂气氛。例如,在制作"缓解考试压力"的多媒体课件中,用一些或温馨或有趣的背景图片和插图,更容易让学生心情放松、精神愉悦,从而对缓解压力起到一定的辅助作用。但是我们也常常发现,有些心理课件中的图片并没有起到这种支持性的作用,尤其是一些与课堂主题相关不大、只是起装饰性作用的图片可能在一定程度上会对学生的课堂学习与体验产生干扰。有研究发现,装饰性的图片会干扰学习者对学习内容的记忆与理解。由此可见,图片并非越多越好,并非所有的情况都适合使用图片,应当根据课堂的需要,谨慎选择合适的图片加入课件中。具体来说,适合呈现图片的情况有以下四种。

1. 用图片帮助学生理解心理学理论

中学的心理课堂一般以体验为主,心理学理论的讲授特别少。但在需要简单普及并介绍心理学理论知识的情况下,用图代替文字可以更直观地呈现要讲解的内容,有助于学生的理解。例如,给学生讲情绪调节,往往会提到情绪的 ABC 理论。其实,对于学生来说,并不需要对该理论有多么深入的理解,只需要理解大概内容,会运用这种方法反思自己的不合理信念,能通过调节认知进行情绪的自我调节就足够了。此时,把 ABC 理论用图的形式呈现出来,就更加易于教师的讲解和学生的理解。

2. 用图片烘托气氛、激发学生的学习兴趣

例如,在培养创造力的课堂中,要激发学生创造创新的兴趣,可以首先给他们呈现一些创新的好例子。在一节公开课中,授课教师一开始并未提及本课主题,只是给学生展示了几组创意广告的图片,让学生猜一猜,这些图片是在为哪种商品做广告。学生一下子被这些图片吸引,纷纷提出自己的猜测。在这一过程中,学生不仅仅体会到创新、创造带来的独特感受,也有了创新的兴趣和动力。

3. 用图片产生共鸣、触发思考

例如,给学生上"生涯探索"主题的心理课,首页 PPT 上呈现了一个站在三岔路口的 3D 小人。结合这节课的主题,这张背景图让正处于选科迷茫期的学生产生了深深的共鸣,进而触发他们对有关选择、未来等生涯问题的思考。

4.用图片促进学生的自我觉察

心理健康教育课是特别注重自我觉察与反省的课堂,有时候我们需要通过与他人的互动来增加对自己的认识,而有时候我们需要在一些任务中觉察自我、了解自我。比如,为了更好地让学生觉察自己的职业性格,教师在课堂上给学生呈现了一张图片——一个被拆开的闹钟,并让学生用自己的语言描述看到了什么。活动结束后发现,不同的学生会有非常不一样的描述方式和风格,而这种不一样正好可以同个人的职业性格特点联系起来。

(三)音频的使用

1.音乐的使用

音乐治疗作为表达性艺术治疗的一种,将富于治疗内容的音乐介入心理治疗的过程中,让个体内心的冲突更好地呈现,让被压抑的情绪尽情地宣泄。结合音乐治疗的相关理论,心理课也可以在不同阶段和不同情境下加入合适的音乐成分,让学生更容易体会和表达自己的内心。

(1)在热身游戏中使用合适的背景音乐可以烘托气氛。心理课上经常在课堂导入部分设置与主题有关的热身游戏。为了营造愉悦放松的课堂氛围,让学生更好地感受游戏场景的趣味性,可以为游戏添加欢快愉悦的背景音乐,让学生更好地融入游戏情景,增加这一过程中的个人体验。

(2)在学生思考的过程中使用背景音乐。有一个问题往往会困扰着中学心理健康教育课的教师,即心理课堂为学生提供了一个轻松自由的氛围,容易让一些学生在课堂上情绪高涨、难以控制。这常常导致在需要安静思考或者独自书写的教学环节中,学生不是交头接耳,就是久久难以静心。这个时候,一段音量适中的背景音乐,会让学生很自然地平静下来,进而沉浸在音乐所营造的氛围中。当然选择合适的背景音乐对于转化不同的课堂氛围、触发不同的情绪情感至关重要,一段舒缓悠扬的纯音乐有助于学生回忆过去、反思当下,而一段激扬振奋的现代歌曲能更好地触发学生对未来的憧憬和想象。

(3)在心理辅导实施过程中使用背景音乐。音乐不仅可以是心理课堂教学过程的点缀,也可以成为使用心理辅导技术时非常重要的一部分。在心理学的应用领域,音乐被广泛地用于改善学习效果、缓解失眠症状的心理辅导和治疗中。有研究表明,巴洛克音乐可以改善记忆力,这类音乐每分钟约60拍,与人类的脉搏与呼吸频率大致相同,使得脉搏和呼吸在这一节拍上趋于中和与稳定,可以诱发α脑电波以改善记忆力。在讲授学习心理方面的内容时,可以将这一研究结果运用于课堂上,让学生通过切身体验来感受这类音乐对学习的帮助。另外,做考前心理辅导,在对学生进行催眠放松训练的过程中,给催眠指导语加入合适的背景音乐,也有利于让学生进入催眠放松的状态。

2. 录音资料的制作与使用

案例分析和讨论是心理课经常采用的一种上课形式,案例可以帮助学生自我反思,因此备受心理教师的青睐。然而,如何呈现案例,却是一个令人头疼的问题。在以往的教学中,案例大多是以文本的形式来呈现的,但这种呈现方式也存在一定弊端。首先,呈现案例一般需要的文字数量较大,学生阅读起来比较费力,难以照顾到教室后排或者视力不好的学生。其次,不同学生的文字阅读的速度可能不同,这就让文本呈现的时间难以协调和统一,可能会对课堂进度造成影响。为了解决用文本呈现案例的困难,将案例用录音的形式展示不失为一种更好的选择。用录音的形式呈现案例,拥有文本呈现不具备的优势。首先,用录音的形式呈现案例,可以通过语速、语调、语气等非言语信息传达案例中主人公的情绪感受和情感体验,让学生更好地理解案例所反映的心理困惑与问题。其次,将案例制作成录音资料来播放,可以照顾到视力不好的学生对信息的接收,也能更好地控制在呈现时间上,更好地实现高效课堂的目的。

(四)视频资料的使用

1. 用已有视频资料加深对心理学知识的理解

学校的心理课也承担着普及心理学知识的任务。比如,在介绍心理学知识的同时,也会向学生介绍异常心理的一些症状和表现。这一方面是为了拓宽学生的知识面,另一方面有助于提高学生在日常生活中对异常心理的辨别能力。然而,有些异常心理通常在日常生活中很少有机会接触到,一些症状也难以用文字或语言来描述。在这种情况下,采用真实的视频资料或者影视作品的节选片段来呈现,就显得更为生动而直观。例如,通过《美丽心灵》的电影片段来了解什么是精神分裂症,通过一段有关虐待动物的电视新闻报道来了解什么是反社会型人格障碍等。

2. 用学生拍摄的视频资料呈现案例

心理课堂的案例除了通过文字或录音的形式呈现,还可以采用学生自己拍摄的形式来呈现。一方面,学生对这种由身边同学参与拍摄、以他们熟悉的方式和语言来呈现案例的形式可能会更加感兴趣;另一方面,视频拍摄过程能让参与的学生加深对案例的理解,这也是促进学生参与互动的绝好机会。除此之外,通过视频,学生还可以从表演者的表情、神态、动作和行为中获得更多有关案例的信息。可以在课堂之外借助学生社团(如心理社、话剧社、摄影社等)的力量制作视频资料。既可以让学生根据已有的成熟剧本来导演、拍摄、剪辑,也可以让学生自己编写剧本并演绎,还可以鼓励学生发掘身边真实的素材,以新闻采访的形式制作视频资料。比如,期中考试前在本年级发起"路边采访",作为考前心理辅导的课堂视频资料。

(五)网络的使用

网络在人们的学习和工作中扮演的角色越来越重要,网络走进课堂在一定程度上能够帮助教师和学生更高效地利用课堂内、外的时间。对于中学的心理课堂来说,心理测试的网络平台极大地改善了传统的纸笔心理测试的条件。传统的纸笔测验不仅难以及时呈现详细的测试结果和解释,也让测试过程中的一些细节信息(如在每道测试题上停留的时间等)无法得到记录。而心理测试的网络平台很好地解决了这些问题。例如,在"生涯探索"的心理课中,学生通过网络平台完成霍兰德职业兴趣测试,网络不仅及时提供了测验报告,还记录了学生在每道题上停留的时间。一些用时过长的题目可能反映了学生在某些方面的不确定与犹豫,这其实也给学生提供了一个自我觉察的新视角。网络平台的运用不仅仅是在课堂上,还可以是课前和课后。比如,在课前通过网络平台收集学生对某一主题内容的看法,调查学生近段时间以来的心理状态与困惑。网络可以实现数据收集与整理的及时化和高效化,这将有利于教师在课前更全面地了解学生、更好地备课。而在课后,还可以通过网络平台实现课堂的延伸。例如,关于"生涯探索"主题,仅仅利用心理课堂内的时间是远远不够的,如果能有针对性地开设"生涯探索"公众号,面向学生开放校内的生涯测试平台等,能让学生充分利用课堂之外的时间,积极主动地探索生涯。

(六)应用软件的使用

心理课堂要与时俱进,需要不断地去发现并运用能够实现高效心理课堂的各种工具。在这个信息化高度发展的时代,应用软件可以说是必不可少的工具之一。对于心理课堂来说,一些工具类的应用软件可以改进甚至取代传统课堂的一些实物类工具。比如,心理课堂上要抽签,此时用一个随机抽签的小软件来代替传统的抽签方式,可以让这个过程变得既公平又有趣。再如,一款带计时与提醒的小软件,可以更好地帮助教师和学生在热身游戏、课堂活动等环节,把握并控制好时间。应用软件不仅可以成为心理课堂的辅助工具,还能为课堂提供贴合主题的活动,帮助学生增加体验和感悟。例如,在一节以"生涯决策"为主题的心理公开课上,一位教师用到了网络上备受关注的"围猫游戏"。该游戏要求用最少的鼠标点击次数围住游戏中的一只虚拟小猫。实际上,这款电脑游戏是一款考察游戏者决策能力的小测试,从中能看出不同人的决策风格。课堂上,教师先后邀请了几位学生来完成这个游戏,并将整个过程投影在大屏幕上。游戏结束后,无论是游戏参与者还是台下的观察者都感慨万千,并产生了一系列有关"决策风格"的分享与讨论。对于新时代的教师来说,善于发现并使用这些新兴的应用软件,越来越成为一种新的素质需求。不可否认,心理健康教育课成功与否的关键在于教学内容的设计。但如果能在心理健康教育课堂中合理地运用现代教育技术,通过对文本、图片、音频、视频、网络、应用软件的使用,来更好地烘托气氛、创设情境、呈现材料、实施测验、延伸课堂,必将提升心理健康教育课堂的感染力和实效性。

第五章 职业教育信息化创新实践案例分析

在职业教育领域,信息化创新实践如同春风拂面,带来了勃勃生机,极大地提升了教学质量、优化了教学模式、提高了学生的学习效果和实践能力。近年来,各职业院校致力于培养适应社会需求的高素质技能型人才。为了更好地满足学生的学习需求,提高教学质量,积极推进信息化建设,在教学模式、教学资源、教学管理等方面进行了一系列的创新实践。

一、职业教育信息化创新实践举措

(一)构建数字化教学平台

学校引入了先进的数字化教学平台,整合了各类教学资源,如课程课件、教学视频、虚拟仿真实训软件等。教师可以在平台上方便地创建课程、发布教学资料、布置作业和进行在线测试等。学生则能够随时随地访问平台,自主学习课程内容,与教师和同学进行互动交流。

(二)开展混合式教学模式

采用线上、线下相结合的混合式教学模式。线上部分,教师利用教学平台发布预习资料、微视频等,引导学生自主学习基础知识;线下部分,通过课堂教学进行重点讲解、案例分析、小组讨论和实践操作等,加深学生对知识的理解,提高学生对知识的应用能力。

(三)开发虚拟仿真实训项目

针对一些实践操作要求较高、危险性较大或难以在实际场景中开展的教学内容,学校与相关企业合作开发了虚拟仿真实训项目。学生可以通过虚拟仿真软件来模拟真实的工作场景和操作流程,进行反复练习,提高实践技能。

(四)提升教师信息化教学能力

组织教师参加各类信息化教学培训,包括教学平台使用、数字化资源制作、虚拟仿真软件操作等方面的培训。同时,鼓励教师开展信息化教学研究和改革,分享经验和成果,形成良好的信息化教学氛围。

(五)建立教学大数据分析系统

利用教学平台收集学生的学习行为数据,如登录时间、学习进度、作业完成情况、测试成绩等。通过对这些数据的分析,教师可以了解学生的学习状况和需求,及时调整教学策略,实现个性化教学。

二、职业教育信息化实施过程与特点

(一)实施过程

1.前期准备

学校组建了信息化教学团队,对教师进行培训,确保他们能够熟练掌握和运用相关技术和平台。同时,与企业合作开发虚拟仿真实训软件,完善教学资源。

2.课程设计

教师根据课程目标和内容,结合信息化手段,重新设计教学方案。将课程分解为线上自学和线下课堂教学两部分,并确定线上、线下的教学活动和任务。

3.教学实施

按照设计好的教学方案开展教学。线上阶段,学生在规定时间内自主学习教师发布的资料,并完成相应的任务和测试;线下阶段,教师针对学生的线上学习情况进行总结和讲解,组织小组讨论、实践操作等活动。

4.虚拟仿真实训

在需要进行实践操作的课程中,安排学生使用虚拟仿真实训软件进行模拟训练,教师进行指导和答疑。

5.数据分析与反馈

教师通过教学大数据分析系统,实时了解学生的学习进度和问题,及时给予反馈和指导。同时,根据数据分析结果调整教学内容和方法。

6.持续改进

学校定期对信息化教学实施情况进行总结和反思，收集学生和教师的意见和建议，不断优化教学方案和信息化教学手段。

(二)特点

1.以学生为中心

强调学生的自主学习和主动参与，通过数字化教学平台和丰富的教学资源，满足学生个性化学习的需求。

2.深度融合信息技术

将信息技术全面融入教学的各个环节，包括教学资源的呈现、教学活动的组织、学生学习的评价等。

3.强调实践能力培养

利用虚拟仿真实训项目，为学生提供接近真实工作场景的实践机会，有效提升学生的实践操作技能和问题解决能力。

4.数据驱动教学决策

依据教学大数据分析，教师能够更精准地了解学生的学习状况，为教学策略的调整和个性化教学提供依据。

三、职业教育信息化成效与成果

(一)学生方面

(1)学习兴趣和积极性显著提高。丰富多样的教学资源和互动式的学习方式激发了学生的学习兴趣，使其更加主动地参与到学习中。

(2)学习效果明显改善。通过线上、线下混合式学习和虚拟仿真实训，学生对知识的掌握更加扎实，实践技能得到了有效提升。

(3)自主学习能力增强。学生能够根据自己的学习进度和需求，自主安排学习时间和内容，培养了良好的自主学习习惯和能力。

(4)解决问题的能力提升。在虚拟仿真实训和实际项目操作中，学生需要面对各种问题并寻找解决方案，锻炼了其问题解决能力和创新思维。

(二)教师方面

(1)教学观念和方法得到更新。信息化教学促使教师转变传统的教学观念,采用更加灵活多样的教学方法,提高教学质量。

(2)信息化教学能力大幅提升。通过参加培训和实践,教师熟练掌握了各种信息化教学工具和手段,能够更好地设计和实施信息化教学。

(3)教学效果和满意度提高。借助信息化教学平台和数据分析,教师能够更精准地把握学生的学习情况,有针对性地进行教学指导,教学效果得到明显提升,学生对教学的满意度也相应提高。

(三)学校方面

(1)教育教学质量整体提升。信息化创新实践的实施,推动了学校教学模式的改革和教学资源的优化,使得学校的整体教育教学质量得到显著提高。

(2)学校的竞争力增强。在职业教育领域中,学校因积极推进信息化建设并取得显著成果,提升了自身的知名度和竞争力。

(3)形成了具有特色的信息化教学模式和经验。学校的信息化创新实践为其他职业院校提供了可借鉴的模式和经验,具有一定的示范和辐射作用。

四、职业教育信息化面临的挑战与应对策略

(一)面临的挑战

(1)教师信息化素养参差不齐。部分教师在信息技术应用和数字化资源制作方面存在一定困难,影响了信息化教学的效果。

(2)教学资源建设与更新的压力。随着技术的不断发展和教学需求的变化,需要持续投入大量的时间和精力进行教学资源的建设和更新。

(3)虚拟仿真实训的局限性。虽然虚拟仿真实训能够模拟部分真实场景,但与实际工作环境仍存在一定差距,可能导致学生在实际工作中面临一些挑战。

(4)网络和技术设备的稳定性。信息化教学依赖网络和技术设备,网络故障、设备损坏等问题可能会影响教学的正常进行。

(5)学生的自主学习管理。在自主学习过程中,部分学生可能缺乏自我管理能力,导致学习进度滞后或学习效果不佳。

(二)应对策略

1.加强教师培训

提供多样化的培训机会,包括基础技术培训、教学方法培训和信息化教学理念培训等,帮助教师提升信息化素养和教学能力。

2.建立教学资源共建共享机制

鼓励教师团队合作,共同建设和更新教学资源;同时,加强与其他院校和企业的合作与交流,实现教学资源的共享。

3.结合实际工作场景优化虚拟仿真实训

与企业进一步合作,不断完善虚拟仿真实训项目,使其更贴近实际工作需求;同时,增加学生到企业实习的机会,让学生在真实环境中积累实践经验。

4.提升网络和技术设备保障能力

加强学校网络设施建设,确保网络的稳定性;建立技术设备维护和管理机制,及时解决设备故障问题。

5.加强学生自主学习管理和引导

建立有效的监督和激励机制,引导学生合理安排学习时间,提高自主学习的效率和质量;同时,教师要加强与学生的沟通和指导,及时了解学生的学习情况并给予帮助。

五、职业教育信息化创新实践的未来发展趋势

(一)云计算成为主要教学平台

用户可通过网络访问分布在不同地域的计算机资源,实现信息化的高效化、精准化和节能减排。云计算能完成教材、教学内容等课程服务的整合,实时答疑等服务和学习也可通过网络进行。

(二)人工智能技术广泛应用

用于实现个性化教育,通过数据分析功能对学生的学习能力进行测评,并根据测评结果和学生的自然语言表述及交互,推荐适宜的学习内容和方式。

(三)虚拟现实技术在实训中普及

能够模拟真实世界场景,为学生提供仿真实训,如模拟装修、救治病人、工业生产、机器维修等场景,让学生进行操作,帮助其掌握更多技能,为未来的工作做好准备。

(四)区块链技术保障教育数据安全

作为一种分布式的、可编程的、安全的电子记账机制,可提供不受信任的交易参与者之间的可信任和安全的交易,并降低监管方收集和传输教育数据的难度。它可以实现教育数据的安全传输,用于加密传输学生的教育记录、课程成绩和教师评估等数据,还可为学生颁发证书,证明其通过特定课程和专业技能考试,同时保护学生隐私。

(五)数字化资源开发与应用加强

包括进一步提高资源库的建设质量,使其依法制化轨道发展;探索课程学习成果的认证,开发课程电子证书、技能微证书等;推动学校共建资源库;开发多语种内容,以推动国际教育的交流与合作。

(六)与产教融合、校企合作深度结合

利用数字化技术破解校企割裂的问题,解决校企合作目标、数字化学习队伍等方面的难点,构建真实工作环境。这需要建立校企双元治理制度与数字化转型生态系统,开展产业发展大数据分析,促进职业教育供给侧与产业需求侧精准对接,建设海外职业教育数字化培训中心等。

(七)促进教育公平与质量提升

丰富教育教学资源,优化资源配置,创新教育评价体系,有效整合不同地区、不同院校、不同层级之间的优势教育资源,缩小教育差异,在凸显职业教育特色的同时兼顾教育公平。

(八)强调绿色生态与可持续发展

职业教育组织结构需适应数字化、智能化发展的现实需求,实现教育主体

间信息资源共享、共建,催生个性化、丰富化、可持续更新的学习生态环境。同时要关注个体在技术使用过程中的主体性,重塑人文精神。

(九)提升数字技术的基础与内涵

加快职业教育新型基础设施建设,完善数字化转型的顶层设计,探寻数字技术融入职业教育的适切方式,构建一体化数字服务体系,以数字化、智能化服务职业教育高质量发展。

(十)重视技术运用的合理性

在利用数字技术助力职业教育高质量发展的同时,需对其利弊进行甄别判断,避免陷入"数字假象",应保持理性审慎的态度,遵从人类自然发展的内在规律,重视技术超越价值,形成技术理性内在自觉。

六、结论与展望

职业院校的信息化创新实践案例取得了显著的成效,为职业教育的发展提供了有益的借鉴。通过构建数字化教学平台、开展混合式教学、开发虚拟仿真实训项目、提升教师信息化教学能力以及建立教学大数据分析系统等举措,实现了教学模式的创新、学生学习效果的提升和教师教学能力的发展。然而,在实施过程中也面临着一些挑战,需要通过加强教师培训、建立资源共建共享机制、优化虚拟仿真实训、提升保障能力和加强学生管理等策略来应对。

展望未来,职业教育信息化将继续深入发展。随着人工智能、大数据、虚拟现实等技术的不断进步,职业院校应紧跟时代步伐,持续探索和应用新的信息技术,进一步推动教学模式的变革和创新。同时,要注重信息化与教育教学的深度融合,以提高人才培养质量为核心目标,不断优化教学资源和教学过程,为学生的职业发展和社会需求提供更有力的支持。此外,还需加强与企业的合作,使信息化教学更加贴近实际工作场景,培养高技能人才。

第六章　职业教育信息化创新的影响因素

信息技术对教育发展具有革命性影响,目前已经成为世界各国的广泛共识。但信息技术何以对教育发展具有革命性影响,却是一个需要认真论证的重大理论问题。对这一理论问题最有力的回答,莫过于教育信息化的创新实践。而在理论层面上对教育信息化在创新发展中取得的一系列实践成果进行分析,则有助于深化我们对这一问题的理解与认识,并为信息技术促进高职院校课堂教学转型的实践探索提供支撑与引领。

第一节　内部因素分析

一、技术创新驱动教育发展是历史趋势

在农耕文明的时代,经济社会发展非常缓慢,对人才的需求也不甚迫切,因此教育的演进也非常缓慢,尽管技术在教育发展进程中发挥的作用不甚明显,但仍能给后人以启示。和农耕文明的手工劳动这一生产方式相适应,这一时期教育的生产方式也是手工劳动,其典型表现形式即学徒制,其借助的技术手段主要是口耳相传的语言和文字。语言和文字的发明,是人类教育历史上第一次技术革命,并塑造了教育的基本形态。早期有组织的教育尝试,如希腊的体育馆、中世纪大学,英国的文法学校,中国的国子监等,都严格限于开放给少数精英学生,持续时间也相对较短。在这一体系之外,涉及一些实用技能的培养,则主要是通过学徒制的方式来完成。教育的主要内容和形式是大量隐性知识和经验通过师傅和徒弟之间个别化,有时甚至是一对一、面对面的人际交互完成的。在这一时期,教育主要是家庭的责任。

工业革命让人类走出了农耕文明,步入了工业时代,在工业革命大潮中涌现的近代科学技术不仅塑造了人类的社会生产与生活,也重塑了教育。我们今

日看到的、以学校为代表的现代教育体系正是具有 300 年历史之工业文明的产物。与机器大生产的生产方式相适应，印刷机等技术装备应用于教科书的印刷，才让现代意义上的学校逐渐取代了私塾这一古典的教育组织机构。在教育的发展及印刷技术的影响下，现代学校教育制度以分班授课和分科教学为核心，无论是在规模还是在效率上，都使得教育系统与工业社会对人才的大规模、专业化需求相适应。其最为集中和典型的表现形式是班级授课制。这一制度框架包含三个基本内容：以教师为中心，以课堂为中心，以书本为中心。这就是时至今日仍然能够看到的传统教育的三个中心。近代以来历次教育改革追求的也正是破除这三个中心，但因为缺乏相应的关键技术创新，历次教育改革都没有能够成功实现这一目标。

20 世纪 50 年代以来，计算机的发明及其在社会生活各领域的广泛应用推动着人类从工业文明走向信息时代，教育变革与创新发展迎来了新的曙光。信息科技革命对社会生产方式的影响前所未有地凸显出来，推动着社会产业结构开始由资本和劳动密集型向知识与技术密集型转化。以计算机为代表的当代信息技术是人类社会继蒸汽机的发明和电能的利用之后社会生产力发展进程中的第三次飞跃。蒸汽机的发明和电能的利用放大了人的肢体，增强了人类改造自然的能力，而计算机的出现，使人类智能倍增，极大地增强了人类认识世界的能力。这使教育第一次迎来了进行彻底的技术革新，并以此为基础确立新的生产方式与制度框架，跨时区、跨文化、跨语言地为全球社群提供教育服务的历史机遇。美国教学系统技术系教授邦克探索了构成"我们—所有人—学习"框架的十项关键趋势：电子图书世界中的网络搜索、数字化学习和混合学习、开放源代码和自由软件的可用性、起杠杆作用的资源和开放式课件、学习对象库和门户网站、开放信息社群中学习者的参与、电子协作与交互、另类现实学习、移动学习与泛在学习、个性化学习网络。桑新民在论及当代信息技术驱动的教育变革时曾指出："信息技术在传统文化教育领域中引发了一场裂变，解构了印刷时代教育文化之鼎的三足：阅读、写作、计算（简称 3R）。"从现实的层面上来看，信息技术给教育文化带来的深刻裂变首先集中地体现在教师教学方式的改变上；其次，信息技术给教育文化带来的深刻裂变更重要的是体现在学生学习方式的改变上。如果教师的教和学生的学都变了，那么课堂教学无疑也就变了。因此，教师教学方式和学生学习方式在技术驱动之下发生的深刻变化，正昭示着信息技术在促进课堂教学变革上具有的强大潜力和历史必然。

二、信息技术对传统教学的价值取向和教学方式产生巨大冲击

如上所述,在传统教学中,教师将教学目标聚焦于教给学生知识,"教给"在某种程度上也可以描述为"交给",即教师主要是将书本知识传递给学生。叶澜教授对于现行课堂教学在教学价值取向上的偏好是这样描述的:"大部分教师对于教育价值的选择还停留在'传递知识'上,其中有一些教师虽已关注到学生技能、技巧,甚至能力和智力的发展,但大多仅为点缀。至于认识范围以外的目标则更少涉及。"在教学思维方式上,有简单的应试思维,即"考什么,就教什么";有唯上思维,即"权威(书本和专家)怎么说,就怎么教";有经验思维,即"我怎么受教,我就怎么教";有从众思维,即"大多数人怎么教,我就怎么教"。受这些教学价值取向和教学思维方式影响,传统教学在教学方式上表现出"讲授中心"和"重视训练"的特征。以讲授为中心导致教师教学行为方式的单一化,忽视了激发动机、思维示范、方法指导、互动交流、反馈评价等教学方式;强调通过布置大量作业对学生进行训练,忽视了引导学生对新知识进行理解、感受和内化。在现代信息技术被广泛使用前,囿于条件限制和传统教学文化的阻力,学生只能被动接受教师讲授的知识。而随着以多媒体、网络、快速、海量、交互等为特征的信息化时代来临,新一代的学生一出生就面临着一个无所不在的网络世界,网络就是他们生活的一部分,数字化生存是他们从小就开始的生活方式,他们被称为"数字原住民"。"数字原住民"掌握知识的途径和方式是多样化的,他们习惯于在网络世界里探求知识,找寻自己感兴趣的内容,从被动地接收信息变为主动地选择信息。他们在认知方式、学习动机上都和过去有差异,表现在信息的接收、处理和提取的认知过程等方面。

显然,传统教学理念和教学方式已不能满足新一代学生的需求。《国家中长期教育改革和发展规划纲要(2010—2020年)》指出"信息技术对教育发展具有革命性影响,必须予以高度重视"。信息技术作为现代科学技术的基础与核心,它的发展必然会对教育的改革创新起到重要作用,并对当代社会产生深远的影响。布兰斯福特等人认为,技术在创建有效学习环境方面有五种迎接挑战的机会:①通过录像、演示、模拟数据等进行互联网连接,将真实世界的问题带进课堂;②通过技术提供"支架"支持,拓展学习者的理解;③学习者有更多的机会获得来自教师、同伴的反馈,从而反思学习过程,提升自身的学习;④创建本地甚至全球的学习共同体;⑤扩大教师学习的机会。在教学领域里,知识传播

已不仅仅是以前的那种简单地从声音到耳朵的单一形式的传递,而是图、文、声、像并茂的复合传递形式。

在课堂上,计算机技术、多媒体技术、网络技术、虚拟现实技术、人工智能技术、数字音像技术的广泛运用,不但改变了传统的教学方式,丰富了教学形式,而且对于学习者知识和能力的发展具有一定的促进作用。以现代信息技术和现代教育教学理念为基础而形成的现代教育技术的出现,是对传统的教育的重大突破,将有力地促进教学内容和体系的改革,有力地推动教学方法和手段的更新,并将在一定程度上改变传统的教育与教学模式,实现学习主体化、多元化、社会化,这对全面提高教育质量,适应我国 21 世纪经济社会迅速发展的各类人才有着重要的现实意义。

第二节 外部因素分析

一、信息技术支撑以学为中心的发展

联合国教科文组织认为信息技术的发展影响了教育格局的变化,人们需要一种更加流畅的一体化学习方法,从学习空间、时间和关系的变化中拓展学习空间网络。我国《教育信息化十年发展规划(2011—2020 年)》也指出,"以教育信息化带动教育现代化,破解制约我国教育发展的难题,促进教育的创新与变革,是加快从教育大国向教育强国迈进的重大战略抉择"。同时提出了"信息技术与教育融合发展的水平显著提升"的发展和建设目标。教育部发布了《构建利用信息化手段扩大优质教育资源覆盖面有效机制的实施方案》,指出"信息技术与教育教学的全面深度融合,逐步缩小区域、城乡、校际的差距,促进教育公平,提高教育质量,支撑学习型社会建设,形成与国家教育现代化发展目标相适应的教育信息化体系"。我国《教育信息化 2.0 行动计划》提出,要发挥技术优势,变革传统模式,尤其是利用智能技术加快推动人才培养模式、教学方法改革,推进新技术与教育教学的深度融合,真正实现从融合应用阶段迈入创新发展阶段。

二、教学资源全球化

从 1971 年,英国开放大学正式成立,到后来"翻转课堂"这一概念的提出,各种教育学习平台不断出现,例如,国外的 edX、Khan Academy,还有国内的清华在线、网易云课堂等,为学习者提供全球范围内开放的优秀学习资源。学习者可以借助计算机网络和其他移动电子设备,在这些学习平台上选择自己感兴趣的学习内容,真正意义上实现资源共享。以信息技术为支撑实现了教育资源广泛共享和教学服务全面开放,开放大学提供了一种新型的办学环境,这种环境不受时空的限制,使全民教育、继续教育、终身学习、非正规学习成为新时代教育发展的主题。

信息技术给教学资源带来的最大的变化主要体现在以下几个方面。

(一)教学资源开放化

在传统的模式中,教育资源主要集聚在校园这个相对封闭的物理空间里,局限于课堂、图书馆、实训室等一些场所,只能够满足固定人群的需求。然而借助互联网等信息技术,教育资源可以跨越校园、地区、国家进而覆盖到世界每一个角落,优质教育资源的平等共享成为可能并且极为便利。

(二)教学资源数字化

信息技术使得教学资源变得数字化,互联网以其强大的存储性和交互性优势,在短时间内吸纳了海量的知识和信息,成为人类历史上前所未有的巨大"信息库"。将这个"信息库"充分应用于教学资源中,极大丰富了教学资源。例如,大规模在线开放课程(简称 MOOC)正在成为学校课程中的有机组成部分。

(三)教学资源多样化

随着 web 2.0、虚拟现实技术、人工智能等技术的发展与应用,教学资源的内容、形式及获取方式都越来越多样化,为教学活动的展开提供了更加多样的选择。

(四)教学资源个性化

教育大数据的分析能精确地获得学习者的知识结构、能力结构、个性倾向、思维特征等相关数据,这使教学资源的设计与选择更加个性化。适应学生个性特征是未来课程发展的重要方向。信息技术使得教学资源越来越具有选择性。

(五)教学资源智能化

将基于信息技术的即时评价反馈系统、情境感知、增强现实、人工智能等学科交互性的认知工具应用于教学资源领域的过程中,使教学资源变得更加智能化。在利用基于信息技术的教学资源学习的过程中,学生可得到及时的、个性化的反馈结果,从而提高学习效率。

(六)教学环境现代化

随着多媒体技术和网络技术的发展,教学环境已由传统的黑板和粉笔转变为以计算机多媒体和网络支撑下的信息技术教学环境。这种教学环境中将计算机多媒体、网络、投影设备等作为辅助教学的手段,帮助教师教学和学生学习。教师可以任意使用多媒体教室中的各种教学媒体,通过播放视频音频,展示模型、图片、实物等能够调动学生的各个感觉器官,极大地激发学生的学习兴趣。此外,多媒体教室使小组学习、合作学习和个别化学习成为可能。在多媒体教室中,学生能够充分利用计算机或互联网上的资源进行自主探究和合作式的学习,以学生为中心,学生的主体地位得以体现。在传感技术、网络技术、富媒体技术及人工智能技术充分发展的信息化时代,教室环境应该是一种"能优化教学内容呈现、学习资源便捷地获取、有利于课堂交互开展,具有情境感知和环境管理功能的新型教室",这种教室被称为智慧教室。

智慧教室改变了多媒体和网络教室的诸多缺点,比如,在智慧教室中内容呈现能够符合学生的认知特点,而不是在多媒体教室中简单地堆砌知识。此外,智慧教室能够方便地接入各种媒体设备,如智能手机、平板电脑等,使学生能够迅速地获取各类资源,不受资源和访问速度的限制。智慧教室还具有环境管理和对周围环境的情感感知能力,能够通过传感器检测室内环境,自动调节到适合学生的状态。

另外,信息技术在教育中的应用,让传统教师的很多工作(如批改作业等相对简单的智力劳动和体力劳动)都被智能机器所替代。教师识记、理解、应用方面的知识传授职能越来越多地可以借助技术来完成,教师的教学重心更多地转向对学生的能力培养、素养培育、心理干预、人格塑造等。随着时代的发展,"以学为中心"的教育理念逐渐进入高职院校课堂教学,教师的地位和作用也必然会相应地发生一些改变。信息技术应用的日益广泛让教育教学的技术含量不断提高,并因此对教师提出了更高的要求。

三、教学过程多元化

随着信息化的发展以及信息技术与学科的整合,教学内容的呈现形式必然会发生变化,因此学生的学习方式、教师的教学方式以及师生间的互动方式也将会随之发生改变。只有这样,学生的学习和发展才能够适应日新月异的信息化环境,才能够真正实现人的全面发展。在传统的教学环境中,教师是知识的主要传播者,正如古人云"闻道有先后,术业有专攻"。但随着信息时代、网络时代的到来,教师与学生在新知识的接触和更新方面已不存在显著差异。这也就意味着学与教之间的单一模式不再适合教育教学的发展,多元化的学与教的方式需要有效融入日常教学活动中。霍华德·加德纳教授提出的多元智能理论是信息化环境下教学中多元化的学与教的方式的重要理论支持。多元智能理论强调,每名学生都能够在他们感觉舒适的智能领域,运用比较发达的智能进行学习,并获得机会来发展欠发达的智能。

多元化的学与教的方式呈现主要体现在三个方面的多元化,即学生学习方式的多元化、教师为学生展现学习内容的多元化以及教师与学生之间互动的多元化。学生的学习方式多元化意味着在信息化环境下,学习方式不同于在传统教学环境下学生只是被动接收教师传输的知识。学生应积极发挥自身主动性,成为学习的主人,在这种情况下学生的主体地位也应该得到充分体现。教师为学生展现学习内容的多元化以及教师与学生之间互动的多元化,则需要将信息技术以工具的形式与教育教学融为一体,将信息技术融入教育教学体系的各个要素中,使之成为教师的教学工具、学生的认知工具、重要的教材形态、主要的教学媒体。换句话说,就是在教学过程中,把信息技术、信息资源、信息方法、人力资源和教学内容有机结合,共同完成课程教学任务的一种新型的教学方式。信息技术与教育教学的整合,将不断推动教育信息化过程,形成信息化教育。

现代教育技术的运用、观念的转变、认识的提高,有必要落实到教育教学实践中。通过教学实践的应用,教师可以探索以学生发展为本,培养学生创新精神和实践能力的新的课堂教学模式,进一步明确现代化教育技术在素质教育中应用的重要性,在具体教育实践中,进一步树立应用现代教育技术观念。现代教育技术应用的关键是教师,教师转变观念、明确认识,在实践中钻研与贯彻,其前提是熟悉并掌握应用现代教育技术的操作,这就要求提升教师的信息技术能力。

第七章 职业教育信息化创新面临的
挑战与应对策略

第一节 主要挑战及问题

一、职业教育信息化发展现状和存在问题

我国十分重视职业教育信息化的建设。截至 2007 年，全国职业学校装备了 212 万台计算机；60％以上的学校建成了计算机教室、多媒体电化教室、电子阅览室或教学资源开发实验室等信息化教学场所；近 6000 多所职业学校初步建成了不同技术方案的校园网，约占全国中等职业学校总数的 30％。全国 20 个省、自治区、直辖市的教育行政部门建成省级职业教育网站；教育部建成并开通了"中国职业教育与成人教育网站"；启动涵盖经济、农林、信息技术等 10 多个行业/专业的"国家职业教育资源库"。国家在下了大力气进行职业教育信息化建设并取得很大成就的同时，也存在一些突出问题，实际的信息化程度与所期望的相差较大，信息化效果并不十分理想，信息化进程缓慢。主要体现：重"硬"轻"软"，"建"与"用"脱节，造成大量硬件资源的闲置和浪费；教育资源分散，质量不高，出现重复建设和内容单一的现象；信息化水平发展不均衡，良莠不齐，出现数字鸿沟、"信息孤岛"等问题。

（一）教育信息化观念不强，缺少应有的危机感和紧迫感

许多职业学校的教师没有充分认识到教育信息化即将带来的重大革命，这其中包括教育思想、教育制度、教育管理、教育内容、教育手段、教育方法、教育模式、教育评价、教育环境等一系列的改革和变化，也缺少对这些方面的研究，职业教育仍停留在传统的办学模式上。虽然个别教师已经开始利用多媒体教学设备授课，但这只是教育信息化建设中很小的一部分。面对飞速发展的信息

时代,陈旧的教育观念已成为制约职业学校教育信息化发展的主要障碍。

(二)应用资源建设滞后、资源匮乏,"建"与"用"脱节

由于受到职业高专人才培养水平评估导向的影响,各职业院校为迎接评估需要,偏重对于硬件的投入,以提升"人均计算机拥有量、网络信息畅通度"等指标,建设面子工程。而与之相适应的应用方案和软件投入,则明显滞后于"面子工程"的硬件建设,大量的硬件建设成为一种浪费。目前,职业教育软件十分缺乏,而且存在制作质量不高、选题单一、缺少交互性等问题。市场上出售的教学软件面向普通中小学的多,面向职业学校的少;单机版的多,网络版的少;课堂教学的多,用于自学的少。同时,智能型和工具型软件也相当缺乏。软件问题已成为制约职业教育信息化发展的重要因素。可以说,职业院校在信息化建设方面的主要差距不在于硬件建设而是应用。只有部分学校建立起了硬件建设基础之上的应用信息系统,如办公自动化系统、学籍与成绩管理系统、师资与人事信息管理系统、设备与资产管理系统、财务管理系统、科研管理系统等若干应用子系统,其他多数应用尚处于单机运行状态,不能实现信息的交换和共享,存在"信息孤岛"现象,因此也限制了更高层次上的信息处理。事实上,大部分职业院校对教育信息资源建设和开发还是比较重视的,并取得了一定的进展,但是还存在信息设备管理差、设备使用率低、使用效果差、重建设轻维护等问题,使得"建"与"用"之间脱节,影响了信息化建设的顺利进行。

(三)资金不足严重困扰着教育信息化进程的推进

购买微机、建校园网必须有高投入,现在职业学校的经费主要来自学生的学杂费、行政拨款和社会资助。目前职业学校招生难、生源减少已使其财源逐年萎缩,行政拨款仅仅能勉强维持教师的正常工资开支。资金来源渠道过窄,严重影响了职业教育信息化的推进。

(四)教师信息素质需要提高

虽然各职业院校加强了对教师信息技术应用能力的培训,教师信息素质不断提高,但大多数院校教师整体的信息化技术水平和应用能力偏低,信息技术在教学中的应用效果不明显。教师对信息技术利用的积极性和主动性不高,不能在教育信息化过程中起到主导地位,从而影响学生信息素质的培养和提高,

这在很大程度上影响了信息化的健康发展。

(五)学校管理体制不完善

现在多数职业院校的信息管理机构定位存在偏差,例如,有的学校将机构挂靠在院办、教务处、科研处或图书馆,也有的放在现代教育技术中心,比较好的做法是成立一个单独的部门。因为机构无法定位,造成机构的性质和职能无法得到认可,人员的专业技术职称也无法解决,人才留不住,横向交流的力度减弱。此外,我国职业教育信息化现有的信息化评估体系不能满足建设好信息化的要求,相应的管理、评价和监督体系不完整,没有形成信息化工作的投入、评估、反馈机制,对信息资源缺乏科学规划和统一标准,造成教育资源分散,资源质量不高。管理贯穿于信息化政策的制定、实施、评价各个环节,是人和信息技术对信息化工作的管理,因此,信息化管理水平上不去是制约职业教育信息化发展的又一瓶颈。

二、主要挑战

(一)智慧校园建设与信息安全挑战

教育部在《2016 年教育信息化工作要点》中明确提出智慧校园建设,掀起了我国各教育阶段建设智慧校园的热潮。《2018 年教育信息化和网络安全工作要点》进一步强调,要充分发挥地方、学校的积极性与主动性,引导各级各类学校结合实际特色发展,开展数字校园、智慧校园的建设与应用。教育部在《教育信息化"十四五"规划》征求意见稿中强调,加强党对教育信息化和网络安全工作的领导,坚持网信事业正确政治方向,以教育信息化支撑高质量教育体系建设,促进教育公平,提升教育质量,增强教育创新能力,加快推进教育现代化。

有学者在对 CNKI 和 Web of science 两个数据库中近十年来所有关键词为"智慧校园"和"Smart Campus"的文献统计分析后,对国内外智慧校园建设的趋势做了汇总和阐述。他们认为国内智慧校园建设具有六大趋势:智慧校园的深层次理论建构与顶层设计,新技术在智慧校园建设中的应用,智慧校园环境下团队建设的研究,智慧资源和课程的开发,智慧校园的教学模式研究,智慧校园的具体应用、效果评估及推广。同时他们还总结出国内外智慧校园研究和建设的不同之处。其一,国外智慧校园传承智慧城市愿景,更多地融入了智慧城市建设的可持续发展、低碳环保等理念,而国内智慧校园的研究、建设略超前于智慧城市,更多是以教与学为核心,旨在取得更理想的教学成效。其二,国外智慧校园的发展路径更多是在智慧城市的框架下进行,而国内智慧校园的发展路径聚焦于如何培养时代化的创新人才,未能与智慧城市建设有机结合,整体规划视野较窄,建设广度不够。其三,国外对校园安全问题极为敏感,在建设智慧校园的过程中十分重视校园安全建设,将保障个人信息安全、师生生命安全纳入智慧校园的基本功能,而国内由于社会安定,大众信息安全意识不强,智慧校园建设对校园安全重视不够。

信息化的推进必然会带来信息的共享,在大数据技术逐渐发展成熟的今天,人们将变得更加"透明"。智慧校园的本质是数据的智慧处理、分析与应用,这就意味着,越是智慧的校园,学生的个人信息透明程度就会越高,如何在推进智慧校园建设的同时划清数据界限,将个人隐私纳入"保险柜",解决好信息共享与隐私保护之间的矛盾问题,或将成为智慧校园建设的重要挑战。

(二)远程教育发展与知识霸权挑战

近年来,国际远程高等教育界对大数据(BigData)、虚拟现实(VR)、增强现实(AR)、人工智能(AI)和区块链(Blockchain)等新技术开展了不同形式的应用和实证研究项目,形成了多种研究论文和报告。刘占荣等采用因素分析法,从国际教育组织、国际会议、期刊和专著等不同侧面入手,归纳总结出国际远程教育发展趋势:从学术国际化向办学国际化发展、模式创新推动技术与教育深度融合、远程高等教育质量保证不断加强、远程高等教育日趋开放与共享、认知网络神经和深度学习的研究将掀起对学习本质的再度探究。

计算机技术与网络技术的成熟,使得信息突破时间与空间的限制,完全呈现在终端用户的面前。远程教育技术的逐渐成熟,在传递高质量的教育内容的同时,也将引起难以忽略的挑战:教育内容实现了"货比三家",使教师权威性受到巨大威胁。学生能够轻松接触到最优质的网络课程,基于现实的课堂教学的意义又有多大? 知识霸权现象是否会大幅限制科学的发展? 这样的现象究竟有何利弊? 如何在制度和技术层面上做到趋利避害? 这些问题或将成为远程教育发展的重要挑战。

(三)教育数字化转型发展对高等教育的挑战

数字化时代,云计算、人工智能等技术的突破,使得计算能力和效率大幅提升,将人从重复性、机械性的记忆方式中解放出来。新型冠状病毒疫情加速了教育数字化进程,高校教学线上化转型让"互联网＋教育"和"智能＋教育"成为常态,也为高等教育带来前所未有的挑战和机遇。一是数字化转型迫使高等教育教学理念发生根本性转变。智能化工具逐渐替代了机械化的学习方式,学生从被动接受知识向理解知识、应用知识、创造价值和创新应用等方向转变,如何利用更先进的方法,培养学生从接受知识转变为运用知识,进而充分利用先进工具应用知识,形成主动探索能力、创新创造能力和构建能力,是高等教育要思考的本质问题。二是数字化转型迫使教学模式和教师职能发生根本性转变。互联网让知识变得高度共享,学生在网络上获取的知识也将远远超过教师所拥有的知识,教师对知识的"权威性"逐步弱化。传统的以"教师为中心"的教学模式将不再适用于数字化时代的高校教学,这就要求教师自身能够进行知识的数字化转型,从传统的授课模式向"导师"模式转型,从知识授予者向知识组织者转型,从传统的单向知识输出转向知识交流。三是数字化转型迫使高等教育知识资源体系发生根本性转变。相比于传统的实体知识载体(如图书馆、课本、讲义等),虚拟的数字化载体让知识更新更快,体系更完善且高度共享。而物联网和移动终端技术的飞速发展,也让学生成功突破了空间界限,随时随地能够获取新知识。物理化集中式的知识资源体系将快速被数字化分布式的知识资源体系取代。

(四)整体氛围不够浓厚

我国高校信息化氛围不够浓厚,即对高校信息化普遍存在重视程度不够的情况,表现在思想观念上不重视和组织形式上不重视,没有起到宣传和感召的作用,满足不了落实国家信息化战略的要求。主要原因在于高等教育工作者信息化理念不够先进,且多数高校缺乏具有强劲执行力的信息化专业团队。信息技术对高等教育的作用不是在原有状态下的服务和管理,而是对高等教育具有颠覆式创新作用,促进高等教育体制机制(包括人才培养方式等)的改革和创新,从而促进高等教育事业发展。美国、英国和日本等高校信息化先进国家的高等教育工作者都是秉持"以信息技术推动高等教育改革和创新,甚至引领高等教育事业发展"的先进理念,我国高校在这一点上的认知普遍不足。国内高校信息化工作主要是由教学辅助部门信息化中心负责。这一设置有很多弊端:信息化中心难以对同级别其他部门进行信息化改革指挥和统一部署,缺乏执行力。或者,部门之间缺乏协调导致改革的步伐迈得不够大。长此以往,负面影响会越来越大,导致全校范围普遍存在对信息化工作不够重视的情况,无法营造信息化氛围,进而阻碍信息化工作的落实。

(五)规划整体存在短板

无论是美国、英国的高校,还是日本的高校,都有与国家战略相配套的详细规划,且参与规划制订的有高等教育研究人员与领导者、科研与教学教师代表,还有与之相关的营利与非营利组织等,规划既能够统筹全局,又适应高校自身的特点,还有利于高校、科研机构及企业的合作。而我国目前高校信息化重建设、轻规划现象较为严重,在没有建立教育首席信息官(CIO)制度下,就会导致缺乏顶层设计。这样一方面造成资源上的极大浪费和"信息孤岛"现象,比如,多数学校内,有教务管理信息系统、科研管理信息系统、人事管理信息系统和财务管理信息系统,这些信息系统归属于不同的业务部门,由于缺乏 CIO 统一领导及顶层设计,数据标准不统一,难以融合和共享;另一方面,每个信息系统单独设计进入门户和密码,导致重复工作、管理效率低下。

(六)忽视了教职员工信息化素养的培养

高校信息化建设工作能否按照既定的战略与规划顺利开展,与教职员工信息化素养有着密切关系。教职员工信息化素养包括信息化建设团队领导者及其成员的专业信息化素养和其他教职员工一般信息化素养。信息化建设团队领导者(首席信息官),必须是信息技术在高校创新应用的领导者。因此,首先,他必须具有精通的专业技术素养,具有解决问题的独特方法和思路;其次,他必须有与时俱进的高等教育信息化战略思想;再次,他必须是一位优秀的沟通者,能够向校长和教职员工展示信息技术带给高校未来共同的愿景,并能协调校内外各方之间的关系;最后,他必须具有领导力和凝聚力,能够把信息化建设团队紧密团结起来,并勇于迎接挑战。高校信息化建设团队成员的信息化素养,除了具备专业硬技能外,还要有软技能,即具备能够与不同专业领域需求者进行沟通、深入了解他们需求并能准确将需求"翻译"成为信息化专业语言的能力。其他教职员工应具备一般信息化素养,既能够应用信息化技能为本职工作服务,又能够不断激发自己的创新思维,并把自己的新需求向专业人员准确表述。我国与高校信息化先进国家相比,信息化素养培养机制不够健全,普遍存在不重视的情况。

(七)创新驱动态势不强

与先进国家相比,我国高校信息化建设创新驱动态势不强主要体现在以下方面。多数高校基础平台建设缺乏创新。在欧美国家教育信息化经费面临财政紧缩的状况下,我国教育信息化经费仍按照不低于教育经费的8%拨付。尽管如此,由于我国高校信息化起步晚,有待继续建设和完善的基础设施所需经费仍较为紧张。2017年有关调研数据显示,我国高校服务门户建设率为92.2%,移动校园的建设率为78.4%,数据治理平台建设率为67.2%,自助服务终端建设率为63.3%,流程引擎建设率为58.8%,统一支付平台建设率为51.5%。但是,这些基础平台好评率普遍不高,分别为49.21%、36.84%、50%、51.39%、47.57%、41.32%。可见,在资金紧张的情况下,各项基础平台虽然完成了建设任务,但是,用户满意度却不高,只有两个平台满意度达到或超过50%。信息化建设中存在严重的为信息化而信息化的现象,思想僵化缺乏用户思维及创新驱动。多数高校教学模式缺乏创新。目前,我国高校采用MOOC(慕课)及SPOC(小规模限制性在线课程)等新型教学方式普及率不高,已建设MOOC的高校不足50%,而已加入MOOC平台并进行SPOC教学的高校不足20%,有21.5%的高校无计划及尚不清楚。可见,一半以上高校还是坚守传统的教学模式,观念守旧,缺乏创新思想。当前,我国MOOC数量已经位居全球首位,比第二位的美国多了1000门,而在我国慕课资源越来越丰富的同时,50%以上的高校仍坚持传统教学,缺乏生动互动情节,满足不了学生的学习体验,很难引起学生的学习兴趣和爱好培养,这种传统守旧的思维不但造成了我国优质教育资源的浪费,而且影响着学校的发展。

第二节　应对策略与建议

职业院校的信息化教学以数字化、网络化、智能化和多媒体化为标志。利用计算机、通信和卫星电视网络将全球的计算机连接成一个巨大的网络,一切对象的信息在计算机中被数字化,因而使得信息处理技术更加有效和简单化。网络化的产生为人们提供了一个广阔的信息交流平台。作为教育领域中重要组成部分的职业教育,正在较快接受新理念、新技术、新媒体、新形式所带来的变化,逐步推进职业教育的信息化和现代化。

一、正确认识信息技术的教学功能

(一)如何评价信息技术的教学功能

信息技术教学应用中的教学评价对象包括作为教学过程主体的学生和作为学习材料的教学产品,评价的功能主要是形成性功能——为了改进及发展正在进行的活动或学习资源,总结性功能——为了选择、证明或说明完成的活动或学习资源。由此构成了面向信息技术支持教学应用的评价方式:面向学习资源的形成性和总结性评价,面向学生的形成性和总结性评价。

1. 面向学习资源的评价

面向学习资源的评价主要是根据教学目标,测量和检验教学产品所具有的教育价值。学习资源来自两个方面:一是现实世界原有的可利用的资源,二是专门为了学习目的而设计出来的资源。随着信息技术在教学中的广泛应用,学习资源的来源变得非常广泛,如何对这些学习资源进行评价,使之更适合教学需要,成为信息技术应用于教学中的评价范畴所关注的焦点。目前,信息技术教学应用中比较关注的资源有音像教材、教学软件、网络资源以及模拟仿真实训,还关注系统或平台的设计、开发与使用;并且随着教育信息化进程加快,传统教学资源也正经历着数字化改造。有关这些资源的评价原则可概括为"五性",即思想性、教学性、科学性、技术性和艺术性,不过由于信息技术教学应用中的学习资源类型是多样的,所依据的教学原则也各有不同,所以有关评价并不局限于统一的标准或原则。评价方法有面向教学产品的形成性评价和总结性评价、专家评价和用户评价。

2. 面向学习过程的评价

面向学习过程的评价着重于测量与评价学生的学习过程,也就是针对不同的学习形式与方法,依据一定的标准,采用适当的测量工具和方法对学生的学习过程或学习结果进行描述,并根据教学目标对所描述的学习过程或结果进行价值判断。由于学习过程设计会包含许多不同的教学形式与方法,所以针对不同的教学形式与方法应该采取不同的评价方法。常用的评价方法有测验、调查、观察。随着信息技术的发展以及质的研究方法得到重视,出现了一些面向学习过程新的评价方法和工具，如契约评价、量规评价、评价包、绩效评价、情境评价等。信息技术教学和实训应用模式强调以学为主，以"任务驱动"和"问题解决"作为学习和研究活动的主线，为了能够让学生在完成任务或解决问题时有一个具体的目标或依据，也为了客观合理的评价，可以应用学习契约评价方法。另外，量规是一种结构化的定量评价标准，针对信息技术支持下学习任务是以非客观性的方式呈现的，可以应用量规法，根据教学目的和学生的学习水平来设计结构分量，或根据教学目标的侧重点确定各结构分量的权重。评价包是按照一定目的收集的、反映学生学习过程以及最终产品的一整套材料，评价包可以使学生检查自己的成长、形成反思，并提供具体的参考资料，借助这些资料，教师能辅导和支持学习者达到自己的目的。在网络环境中，评价包的建立和维持可以自动进行，成为学生文档。最后，绩效评价涉及学生创造成果或完成所要求的任务的过程，学生个人或小组针对某一主题，独立完成任务，并以PPT文档、电子作业、网页、解决方案、研究报告等方式来展示绩效，任务完成使学生体验到真实工作中所期望的角色，并通过绩效评估，使学生意识到学习不但是记忆的练习，而且是形成既有具体训练深度，又能适应所学领域复杂性的一种切身体验和感悟。另外，面向过程评价方法用到的评价工具还有试卷、问卷调查表、计算机辅助测验等。

(二)信息化教学给职业院校带来的变化

我国国民经济的持续发展以及经济、产业和就业结构的不断调整，使劳动力市场上呈现出对技术、技能型人才的强劲需求。国家对职业教育的规模和质量都提出了很高的要求。职业院校直接承担着全面提高劳动者素质，开发人力资源的艰巨任务。职业院校内的教学和实训内容也面临信息化的挑战，随着新技术的不断出现，学生需要学习和培训的内容之多与速度之快使传统的教学模式已经无法满足，将能够更高效率提供更接近岗位需求的知识和技能的方法、策略、技术引入职业学校已经成为必然。教育信息化可以带动现代化发展，同样，职业教育信息化的发展有利于推动职业教育的改革与发展。

信息技术在职业院校的应用，能为学生提供便捷的学习途径和及时、丰富的学习资源，能解决一些传统手段无法解决的问题，提高职业院校的教学、培训质量和办学效益，因此职业院校都很重视信息化建设和应用，所有这些，构成了职业学校应用数字和信息技术的必然趋势。

信息技术在职业院校教学中的作用如下。

1. 信息技术使传统的教学方式发生变化

现代信息技术使许多传统的教学和学习方式发生了改变。以阅读为例,信息技术使阅读方式从文本阅读走向超文本阅读,从单独阅读文字发展到多媒体电子读物,利用电子资料库进行高效率的检索式阅读。信息技术使教学方式、教学方法、学习活动更加灵活多样。因为多媒体技术的快速发展带来了教育技术在知识表现这一基础领域里的重大突破。知识除了用文字、图画外,还可以用动画、声音、视频等多媒体表现形式,使得所有的学科教学都可以在计算机上进行。特别是电脑、多媒体、网络等信息技术,打破了传统的班级授课制的教学模式,个别化教学模式、小组协作式教学模式、在线学习、在线讨论都成为可能,从而使长期以来可望而不可即的"因材施教"成为现实。

2. 信息技术也使教育和教学的理念发生变化

信息时代的因特网大量的、普及化的应用,使信息技术进入社会每一个角落,全球走向高度一体化,国际竞争更加激烈,对人力资源也提出了更高的要求。信息社会需要有高度的创造性、很强的自学能力和信息检索、获取及处理能力的创新型人才,而不是传统教育体制下培养的继承性人才。现代信息技术给教育观念带来了冲击,比较突出的有三个转变、四种本领:从对个人的一次性教育转变为终身教育,从学校的应试教育转变为素质教育,从课堂的面对面教育转变为远程教育及有面授、有远程的混合式教育。面向 21 世纪的教育,强调要培养学生学会四种本领:学会认知、学会做事、学会合作、学会生存。总之,学习是为了个人和社会的生存与发展。现代信息技术为创新人才、开拓创造性思维也有直接意义。

3. 信息技术将改变教师和学生的角色与作用

由于信息技术为教育提供了多元化的信息渠道,一个人获取知识所需的时间越来越短,教师将有更多的时间和精力去关注学生的个性、品格等良好心理的培养,增强学生适应社会、服务社会的能力。网络给学生求知和发展带来机遇和挑战。网上学习还要求学生充分发挥学习的自主性和对知识的探索精神,并使自己的自主学习、主动探索的能力得到充分的发展。在课堂教学中,教师由知识的讲解者、传授者,变为学生能力构建的帮助者、指导者和促进者。

二、国外教育信息化实践经验对我国的启示

信息化程度的高低已经成为当今世界衡量一个国家综合国力的重要标志，而教育信息化程度的高低已经成为衡量一个国家教育现代化的重要标志，一个终身学习的社会正在逐渐形成。面对世界性的挑战，我国只有加速推动现代化教育技术在中小学教育和教学中的应用，尤其是推动网络教育发展，加速教育信息化进程，加速提高我国基础教育水平，才能完成历史赋予的重要职责。在这方面，西方发达国家已经走在了我们的前面，因而它们的一些经验对我国不无启迪。

英、美等国是最早进入工业化社会的发达国家，其教育制度和种种措施，无不显示着工业化社会的特征，如大规模生产、有效论证、不同部门广泛有效的合作等。这是其网络教育工作开展富有成效的重要背景，我们应注意吸取其有效经验，规避其负面效应。而它们在教育信息化方面所制定的政策和策略，也值得我们参考。例如，2000 年美国国家网络教育委员会提交给总统和国会的研究报告《互联网在学习上的力量》，分析了美国和世界网络教育的现状，提出了加强改进网络教育的意见和建议，对网络教育的突破口从硬件基础、教师培训、理论研究、资源建设、规范转变、安全问题、资金问题这七个方面进行探讨。这对我国的教育信息化进程颇有参考价值。

以下是发达国家一些既有的经验对我国在教育信息化实践方面的启示。

(一)领导头脑中注入现代教育技术应用意识

我国开展远程教育的目标和任务是，到 2010 年基本形成多规格、多层次、多形式、多功能，具有中国特色的终身教育体系。网络教育作为远程教育的一种形式，自然被寄予厚望。而在领导同志的头脑中注入现代教育技术应用意识，则是一个迫切需要解决的问题。对于新生的网络教育而言，宏观规划调控和持久的支持是获得成功和可持续发展必不可少的保证，而这种良好的管理运行机制的协调者和组织者的重任就落在领导同志的身上。

(二)加强网络教育研究，探索适合我国国情的发展模式

网络教育无论是对发达国家还是对发展中国家来说都是新生事物。作为发展中国家，我国一是要积极研究和跟踪外国先进经验，二是要在实践中结合

国情探索适合我国发展的道路。在网络教育具体实施过程中发展深入的理论，并进行实证研究，是教育技术研究人员目前的最紧迫任务。在研究中应注意考虑到日新月异的信息和通信领域新技术发展的因素，以及先进教育理论和国情相结合的因素。任何新技术的推广应用，如果缺乏理论和文化的支持，就无法普及和深入人心，而实证研究是检验理论正确性和是否适应我国各地区不同情况的试金石。先进教育思想（教育哲学、教育策略等）的应用，比单纯地为技术意义要大得多，要注意反对孤立地把硬件设备的优劣视为工作开展好坏的标准。我们的网络教育应注重学生的文化素养、科学素养、信息素养的培育，在网络教育的实施中应注重探索协作式学习、研究性学习、问题解决、批判式思维、创新思维等多元化的新型教学策略。

(三)加强网络师资培训工作

在网络教学中，教师是和课程、媒体并重的三大重要内容。如果教师本身对网络教育的课程内容和教学策略方法不熟悉的话，就无法充分发挥新技术的优势，甚至可能适得其反。师资的培训是网络教育开展实施的保障。硬件、软件和人力资源(主要是教师)是实施过程中缺一不可的基础要素。与往昔不同，网络师资的培训对象除了主讲教师外，还包括管理和支持人员(一种现实可行的方案是对教育技术工作人员进行培训)，目标是形成学科和课程专家、教学设计专家、媒体设计专家、主讲教师、网络学习导航员、媒体和学生学习评估专家、技术支持人员和管理服务人员组成的网络教育服务群体，以适应网络教学这种新的教学模式。在对网络管理人员的培训中，应注意参考过去我国在电大、自学考试方面的成熟管理经验。

(四)提高学生的信息素质

我国各地区的经济发展水平目前还存在较大差异，同一地域内城乡之间也存在一定差别。这种发展的不平衡决定了各地的基础教育水平，特别是信息技术基础教育的水平必然存在较大差别，而且这种局面还将维持一定时间。因此，学生的信息素质能否得到提高成为衡量我国教育信息化是否成功的重要标准。具体而言是，尽快完善我国信息技术课程的内容编排和教师培养，加速信息技术和学科融合工作，使得信息素质培养成为教学体系的一部分。也应对网校的这一问题加以考虑，否则无法保证教学的顺利进行。

此外，网络教育的德育部分如何实施，在与传统教学迥异的模式下如何维持课堂秩序，如何保障教学质量，教育研究人员既要考虑到传统文化的传承，又要考虑到新的实际情况，这一问题值得着重提出。具备良好的网络道德，也是信息素质的重要组成部分。2001年《全国青少年网络文明公约》的发布，是这一领域工作的一个良好的开端。

(五)加强硬件和软件环境、网络课程和资源建设

硬件环境、软件环境、网络课程和网络资源的建设是实现网络教育的前提，也是保证网络教育质量的重要因素。网络教育的开展离不开通信和信息技术的支持，这种支持体现在硬件、软件环境上。个别化学习、交互式学习、协作式学习、探索性学习等新型学习方式的实现、教学内容的传输与呈现等都需要技术支持。在硬件设备的购置过程中，应注意设备之间的兼容性、对于教学目标的针对性强不强。技术的使用重在应用(以提高教育质量)和实用，而这种应用要通过课程和学习资源来实现。网络课程和资源具备很多新的特性，如何迅速实现知识更新，体现多媒体特性、交互性等，不应仅仅准备文字教案的电子版，在这一开发过程中，必须融合新型的教学设计思想。全国学习网(NGfL)建立了一个统一分类的信息和交流入口，避免了教师和学生在无限的网上信息中迷失，保证了教师和学生获得有效的信息。这一经验值得我们学习。

(六)形成可持续的运行机制

研究中我们注意到这样一些问题，资金来源、网络教育编制设置以及评价体系是形成网络教育可持续的运行机制的先决条件。网络教育的可持续运行是长期的事情，需要大量的资金、人力、物力的供给，如果不形成一种可持续的运行机制，就很容易造成工作的中断。这种机制可以参考国外面向市场经济和校企联合的经验。

由于网络教育对于任何一个国家来说都是新兴的课题，在研究开展过程中，应时刻注意进行评价和方案的修正。评价的标准可以参考国外的做法，但不应生硬地照搬，应注意到我国的实际情况。实施形成性评价，有利于控制网络课程的开发进程，提高成品课程的质量，约束对有限资金的有效使用。对于各种评价，包括教师、课程、技术、学生、开发等方面的评价，在有可能的情况下形成一套完整的评价体系，也应是可持续体制的一部分。英国 NGfL 的商业化

目标减少了政府的投入,建立了未来的可持续发展机制。同时和现行计划并行实施的还包括较为系统的评价计划,如"计家长成为孩子沟通训练的老师"计划2(ImpaCT 2),是一项基于下一代照明光源计划(NGEL)背景的综合评价计划,考察 NGfL 对学生成绩的影响,为国家、地方和学校制定策略提供辅助信息。这些都是可持续发展的必要措施和实现保证,值得我们参考。

信息化时代是今天世界各国所面对的时代。教育信息化是为世人所公认的教育发展趋势之一。如何在最短时间内进行自身职能的调整以适应社会的变革,是中国教育界肩负的重要任务。教育信息化是现代教育技术在基础教育领域中的应用与普及的、最重要的组成部分之一,我国的教育技术工作者应抓住时机,结合中国的国情,借鉴发达国家的先进经验,从实际出发,切实开展网络教育工作。唯其如此,基础教育才能跟上时代发展的步伐,才能真正提高我国基础教育的现代化水平,使我国在未来全世界范围内的人才竞争中立于不败之地。

(七)优化教育治理结构,促进互联网硬件建设均等化

目前,信息化驱动教育治理的首要工作是解决信息化发展不均衡问题,通过资金、设备等的投入,加大中西部互联网硬件建设力度,完善中西部地区互联网设施,这是实现"互联网+教育政务"有效嵌入教育治理活动及在其背景下参与教育治理的重要前提。另外,通过加大农村地区互联网建设力度,解决互联网建设相对滞后及教育利益诉求被忽视这一教育治理中的盲点,凸显"互联网+教育政务"的现实价值,为教育治理的多元参与提供条件,实现互联网硬件建设的均等化和协同推进。为此,近年来各级政府和教育行政部门不断规划建设(如电信宽带、信息服务平台等)互联网产业发展相关基础设施;鼓励和强化"互联网+"企业走入农村寻找"长尾",解决信息化发展不均衡问题。教育行政部门要打破常规,主动和企业、市场合作,利用"互联网+教育政务"平台的便捷性,创造良好的环境并提供可靠的公共服务,促进地方教育治理目标的达成,实现"互联网+"的惠民目的。

(八)完善信息化教育评估系统,增强动态适时评价能力

当前,利用信息化创新教育评估系统,已成为提高评估水平、保障教育质量的重要手段。以人工智能、云计算、大数据为代表的新兴信息技术快速发展,为

提高我国教育评估模式改革水平提供了可能,因而也成为建立督促地方政府依法履行教育职责的督政机制、指导各级各类学校规范办学和提高教育质量的督学体制、科学评价教育教学质量的评估监测体系的重要手段。

首先,新兴信息技术为教育动态评估创新提供有力支撑。新兴信息技术为评估理念转变提供了重要载体。互联网技术不但聚合大量的教育教学资源,同时扩大了优质教育资源的服务范围。"宽带网络校校通"实现提速增智,优质资源"班班通"和"网络学习空间人人通"实现提质增效,信息化应用使数字校园建设覆盖各级各类学校,从而促进数字资源覆盖全体教师和全体学生。通过新兴技术手段打造的教育资源公共服务平台和教育管理公共服务平台实现数据伴随式收集,更好地实现信息技术和教育的融合发展,丰富大数据服务内容,进一步提高教育评估质量和能力。云技术为促进信息技术和智能技术深度融入教育、推动教育督导现代化提供基础支撑,从而更好地改进教学、优化管理、提升绩效。这有利于改变现有的结果评估、模糊评估和定性评估的状况,形成"数据评价、数据决策"的思维习惯和评估理念,并成为推进教育评估现代化的核心驱动力。

其次,新兴信息技术促进教育评估模式转变。随着新兴信息技术在教育改革尤其是教育评估中的嵌入,传统的结果导向评估将被全过程教育监管和实时的数据跟踪监测取代。随着计算机运算性能的极大提升、智能设备的普及、数据分析方法与算法的不断精进,信息处理与数据分析有了坚实基础,为在线评估提供了可能。以督学和督政专家的经验对教育管理中出现的问题做出定性判断成为过去,取而代之的是"数据说话、数据评估和决策",大幅度降低教育评估对个人经验的依赖,不断提高运用数据分析进行评估监测的能力,促进线上和线下的有机结合,深入开展网格化、信息化评估。随着"三通两平台"工作的不断推进,学校、教师和学生等基础数据都在线上汇聚,第三方专业技术评估的介入将进一步取代传统的、以教育行政部门为主的评估模式。同时,新兴信息化技术所催生的云计算、联机分析处理、大数据分析,提高了信息和数据分析结果的信度与效度。评估结果可视化呈现将进一步方便评估主体和客体及时发现教育教学和管理中存在的问题,以便有针对性地开展线下面对面评估,也充分发挥社会资源的知识和技术优势。

再次,新兴信息技术促进评估方法和工具更新。通过信息化1.0时代的努力,教育领域和相应行业已经积累了大量教育治理信息,形成了国家教育资源公共服务平台、国家级和省级教育数据中心、教育管理公共服务平台,为教育治理信息共享提供载体。我国《促进大数据发展行动纲要》规定,以大数据思维联通部门之间"信息孤岛",跨越数字鸿沟,因此,也应改变传统的教育教学和管理活动的评估方法,把智能理念、大数据的方法和教育评估有机整合,形成跨界汇聚多行业的第三方数据,提升评估的全面性和准确性。通过为学校建档立卡,将各地教育发展阶段和状况、教育需求和资源、中小学教师的基本资料和能力、动态情况录入系统,实行全面监测、动态管理,进而建立起一整套行之有效的教育治理网络信息系统。新兴信息技术也为教育评估提供支持数据采集、评测分析和可视化展示的平台,促进教育评估手段创新,提升数据挖掘和呈现能力,增加评估可靠性。随着评估理念的现代化和模式的更新以及教育治理数据的全面聚合,形成教育教学和教育管理深度融合的大数据,以精准分析支持教育评估中各种决策问题,促进和统整各级教育管理行政部门的服务平台与相应工具手段,全面支撑教育评估的顺利开展。

三、高等职业教育理念的创新与发展

教育理念创新必须基于一定的语境与背景。如果撇开语境谈教育理念,创新就会远离要研究的主题与主旨;如果忽视背景谈教育理念,创新就会失去依据与意义。我们认为,教育理念创新需要做到"三个需要",即需要站在国家的立场,需要坚持科学发展观的指导,需要从我国的实际情况出发。

(一)教育理念创新需要站在国家的立场

教育理念总是与"理想"以及某些肯定性的价值判断联系在一起的,被认为是有助于引导教育或学校向好的方面发展的某种认识、主张或信条等。然而,由于教育理念的研究立场不同,其研究视野与立论倾向就会表现出较大的差异。基于我国建设高等职业教育强国的研究语境,我们要明白的便是教育理念创新必须站在国家的立场,这个立场有着多种内涵。

第一,我们所提出的教育理念是要用来指导我国建设高等职业教育强国这一具体教育实践的,对实践的关照远比盲目地追求学术上的标新立异更有价值。为此,我们对教育理念的挖掘与提炼必须以事实为依据,而不能沉溺于教育理念的学术著作之中,更不能随心所欲地杜撰出一些教育理念来。

第二,我们在研究教育理念之时,要以整个国家为边界。各种层次、类型与

形式的高等职业教育均应进入我们的研究视野。但我们也意识到,对于建设高等职业教育强国来说,具有一个层次、类型与形式多样化的高等职业教育体系,以及全面提高各个层次、类型与形式的高等职业教育的办学质量同样重要。为此,全国性与地方性的高等职业学校、公立与私立的高等职业学校、学历与非学历的高等职业教育、全日制与非全日制的高等职业教育、传统与现代远程的高等职业教育以及欠发达地区与发达地区的高等职业教育等,都应该成为我们研究的对象。

第三,要能够平衡各种立场。实事求是地看,较为盛行的某些教育理念在某种意义上大都反映的是人的某种愿望和需求。人本主义与学术主义立场的教育理念等得到了反复论述,而国家主义立场的教育理念则很少被关注。建设高等职业教育强国的研究语境要求我们不能回避研究国家立场问题,要切实避免各种浪漫化的研究倾向。当然,国家的立场是大立场,我们应设法找到协调各种立场的途径与方法,使我们提出的理念能够符合各种立场的利益。

第四,要能够兼顾教育的各个方面。简单地说,教育是培养人的活动,教育理念就应该是关于培养什么样的人以及如何培养人的某种认识、主张或信仰。但是,联系到我国建设高等职业教育强国的这一研究语境,仅仅局限于培养人这一方面是远远不够的,高等职业院校的科学研究与社会服务、高等职业院校的内部治理与外部关系等,凡是涉及高等职业教育持续健康发展方方面面的内容均可以研究,也需要研究。

在高职教育界内部,人们都非常关注大学或者大学校长的办学理念,的确这对于一所大学的发展影响极大。但是,最影响我国成为高等职业教育强国的恐怕不是大学的办学理念,而是国家层面的高等职业教育理念。国家层面的高等职业教育理念是整个国家高等职业教育发展的指挥棒,对国家高等职业教育的发展乃至国家发展都具有极其重要的意义。"与时俱进,唯变所适"是从国家层面思考未来高等教育理念的根本原则。它主要包括三个方面的内涵:第一,在继承中改革,在改革中继承;第二,要敢于自我批判;第三,要建立新的时空观念。"强国"本来就是世界范围和属于未来的概念,没有新的时空观念就不可能提出适合我国建设高等职业教育强国需要的教育理念。

(二)教育理念创新需要坚持科学发展观的指导

科学发展观与教育理念虽然同属于观念层面的问题,但一种被实践证明是行之有效的观念可以成为创新另一种观念的重要指南。具体来说，"发展第一""以人为本""统筹兼顾""全面协调可持续"等均是我国进一步改革与发展高等职业教育应坚持的基本理念。

关于"发展第一"的理念。我国高等职业教育在经历了大规模的合并重组、扩招和新校区建设之后，特别是在我国高校毕业生就业形势越来越严峻的情况下，要不要坚持"发展第一"的理念将面临巨大的挑战。对此，我们要认识到继续坚持"发展第一"对于建设高等职业教育强国的重要性。建设高等职业教育强国的首要任务虽然是提高我国高等职业教育的质量和办学水平，但是在投入有了基本保障的前提下，适度地推进高等职业教育的大众化进程仍然是我们建设高等职业教育强国的重要内容。

关于"以人为本"的理念。当我国提出建设高等职业教育强国这一使命时，"以人为本"就不能只停留在口号上。第一，"以人为本"是高等职业教育强国的重要标志。"以人为本"的内涵非常丰富，判断标准却比较模糊。但"以人为本"绝不是抽象的，可以通过学校的校园环境、建筑风格、配套设施、课程安排与制度建设等方面体现出来。第二，"以人为本"是建设高等职业教育强国的必然选择。建设高等职业教育强国依赖很多因素，而一流的师资是最重要的因素。我国高等职业院校能否拥有一流师资同样依赖很多因素，而"以人为本"是最重要的因素。

关于"统筹兼顾"与"全面协调可持续"的理念。我们一定要认识到，建设高等职业教育强国是要从整体上提高和改善我国高等职业教育的发展状况。既要使部分高等职业学校在办学实力与水平等方面缩小与世界一流学校水平之间的差距，也要切实改变弱势高等职业院校的生存条件；既要重点扶持一批顶尖人才，也要照顾绝大多数教师的利益与发展；既要强调科学研究，也丝毫不能放松教育教学与社会服务工作。类似地，我国高等职业教育需要"统筹兼顾"，以实现"全面协调可持续"发展的地方还有很多，故可以认为两者是我国建设高等职业教育强国必须坚持的重要理念。

从科学发展观出发，我们可以提出若干指导我国进行高等职业教育强国建设的教育理念。但是，基于我国建设高等职业教育强国的研究语境和实际需要，教育理念创新的任务并非只是简单地演绎科学发展观的内容。也就是说，正确处理教育理念创新与科学发展观的关系，还要从正确认识和继承科学发展观的基本精神开始，直面中外高等职业教育发展进程中的基本经验与教训，客观分析我国建设高等职业教育强国的基础条件与目标状态,进而提炼和概括出指引我国高等职业教育强国建设的教育理念。

(三)教育理念创新需要从我国的实际情况出发

我国建设高等职业教育强国以及与之相适应的教育理念创新仍要坚持从我国的实际情况出发。由于人口规模、政治体制、教育与文化传统等方面的诸多差异,我国建设高等职业教育强国确实不能走照搬照抄的道路。教育的发展受到诸多因素的制约,还有其自身的发展规律,建设高等职业教育强国是否有捷径可循,是否可以有超常规的措施等,均存有争议。

我国建设高等职业教育强国既需要学习和借鉴一流高等职业教育的发展经验,也需要通过设定一系列目标而有计划地向高等职业教育强国迈进。更为重要的是,应从自身的发展经验与教训中学习,将建设高等职业教育强国的过程看作一个不断克服我国高等职业教育中存在各种问题的过程。唯其如此,在建设高等职业教育强国的问题上,才不会脱离我国的实际情况。对于教育理念创新而言,就是要认真地研究我国高等职业教育的发展历史,客观地分析我国高等职业教育的现实状况。需要指出的是,从实际出发并不排斥从理论或从关于未来的预测出发,进而提出我们认为是合理而必需的教育理念。问题的关键在于,我们必须明白,对于教育实践而言,教育理念是第二性的,教育理念来源于教育实践并需要经受教育实践的检验。教育理念创新可以参照现有的研究成果,因为现有的研究成果凝聚着他人的教育实践经验和主观创造,是进一步深化教育理念研究和进行教育理念创新的重要基础。

四、高等职业教育实践教学管理创新

为了保证高等职业教育校内实践教学管理顺利实施,在实践教学管理理念创新的同时,必须对其管理体制和运行机制进行相应的创新。只有这样,新理念才能得以贯彻落实。实行实践教学管理,需要设立相应的管理部门,一般为高等职业院校教务处。第一,高等职业院校教学部主要设有理论教学部和实践教学部两个部门。从理论与实践相结合的角度看,这就导致了理论教学与实践教学的分离。第二,教学管理也没有按照专业能力发展阶段的理论来设置,不利于教学管理者的专业发展。第三,负责教育创新的研究部门独立于高等教育研究室或教务处科研室,没有将科研人员教学管理的创新理念用于实际教学管

理。对于二级学院或院系来说,无论是理论教学,还是实践教学管理基本上都是由教学秘书独自承担。由于工作压力,教学秘书没有足够的时间和空间进行自我完善,不利于其专业发展。因此,有必要创新现行的管理机制,以适应新时代对高职实践教学管理的新要求。为更好地构建符合高职教育教学规律,体现产教结合理念的高职院校实践教学管理体系,建议将管理体制转变为运行组织。在新的运行机构中,原本负责课程实施的教学部门,转变为与学生专业能力培养相对应的服务部门。这样,教学管理者就可以更清楚地了解自己所负责学生的具体业务能力。此外,综合能力教学部还可以直接与企业对接,开发产教结合的课程,从管理机构上与校外实践教学实现无缝衔接。为了使学生的专业能力适应企业和社会发展的需要,应新设创新协调咨询部,解决科研室或高职教育研究室与教务处的隔离问题,促进创新信息的流动。该部门的职能是将科研室或高职教研室取得的教育科研成果直接与教务处联系起来。教务处组织人员论证,组织各教学部门调整课程内容。调整结果由院系教学秘书组织相关教师实施。

五、以学为本,推广创新现代教育技术教学应用

(一)正确引导,有效激励

地方高校要坚持"应用引领发展"的理念,根据地方高校的实际情况,制定切实有效的措施和办法,正确引导和激励。在教学应用中要抓好"三个覆盖率",即教师覆盖率、学科覆盖率和课时覆盖率,让现代教育的"活水"在课堂里"流淌"。现代教育技术中心还应会同教务处、组织人事处,经常性、制度性地组织开展现代教育技术教学应用的评比、多媒体课件制作评比以及现代教育技术应用的研究论文评选等活动。并把评比结果纳入教师考核、评优和职称晋升体系中,树立典型,予以带动与激励;同时,还要制定好现代教育技术应用于教学的评价体系。通过评价,规范教师行为,激励教师优化教学设计,创造性地运用现代教育技术开展教学活动,提高地方高校的教学质量和效率。

(二)以精品课程为突破口,促进现代教育技术教学应用

根据教育部《关于启动地方高校教学质量与教学改革工程精品课程建设工作的通知》精神,精品课程建设是地方高校教学质量与教学改革工程的重要组

成部分。精品课程是具有一流教师队伍、一流教学内容、一流教学方法、一流教材、一流教学管理等特点的示范性课程。

为了促进精品课程建设的开展,地方高校应该每年都组织开展精品课程评审工作。地方高校应以此为契机,将精品课程建设与现代教育技术在教学中的应用结合起来,制定现代教育技术教学应用优质示范课程建设的措施与办法,集中在本校推出一批现代教育技术教学应用的精品课程,并在教师中组织观摩、交流,更有力地促进现代教育技术在各学科教学中的广泛应用。这样,既有效地促进了现代教育技术在教学中的应用,又大大推动了本科课程建设与教学改革。

(三)加强信息技术与课程整合,创新现代教育技术应用

以计算机为主的信息技术与学科整合是信息技术应用于当地高校教育课堂教学的核心,信息技术与课程整合是指在课程教学的过程中把信息技术、信息资源、信息方法、人力资源和课程内容有机结合起来,共同完成课程教学任务的一种新型的教学方式,是信息技术与教师组织、指导和帮助学生学习的学科教学过程的有机结合。它不仅是一种教学方式,还是一种全新的教学观念。

信息技术与课程整合是培养创新人才的有效途径,通过整合最大限度地调动学生学习的积极性,充分发挥学生的主体作用,从而深化现代教育技术的教学应用,促进现代教育技术应用的创新。

1. 树立以学为本的理念,正确定位角色

思想是行动的准绳,不同的理论指导下的行为会产生截然不同的结果,信息技术的教学应用也同样如此。地方高校教师必须深入理解“以学为本”的教学理念,在“以学为本”的教学理念指导下,正确定位角色。要求教师必须从“教书匠”式扮演者中摆脱出来,真正担当起学生的导师、意义建构的促进者、信息咨询者、团队协作者、课程开发者、研究人员和学习者的重任。根据大学生思维活跃、喜欢挑战的特点,应该更多地借助信息和网络等技术开展具有实际意义、综合性、交叉性的研究性学习,协作式学习和自主开放式学习,培养学生发现问题、分析问题和解决问题的能力,全面发展学生的自主学习能力、思维能力、与人合作的能力和创造能力,教师则为学生的学习提供最优的服务和指导。只有这样才能真正发挥信息技术应用于课堂教学的作用。

2. 根据不同学科特点进行现代教育技术教学应用

不同的学科有其不同的教学方法和学习特点。针对不同的教学科目,所使

用信息技术手段的方法和模式也必然有所不同。尤其是在地方高校的教学中，学科差别大，专业性强，不能一概简单套用，必须是在深入学习现代教育技术理论和学科教学法的基础上，探索信息技术与不同学科课程的整合规律。比如，机械、工程等"有形"的课程在教学中可以采用大量的图片、视频、三维动画作为教学的主要演示媒体；对"外语"等"有声"的课程，主要采用音频示范、视频模拟、角色扮演的方法；而对于数学等强调抽象思维和逻辑思维的课程，信息技术更多地应作为研究的工具，在课堂上的演示应该适度，以免冲淡了教学的抽象性和逻辑性。

3. 将多媒体与传统媒体有机结合，发挥综合功能

多媒体既不是一种全能的媒体，也不可能代替传统媒体。多媒体与传统媒体在教学中应相互补充，取长补短。必须从教学实际需要出发，用则用得适度，用得合理，用得巧妙。课堂教学中现代教育技术手段只有用得好、用得科学，才能达到提高课堂教学质量的目的，否则就会适得其反。因此，教学中应针对教学内容有选择性地采取与之相应的教学方法、方式，合理地综合利用各种教学媒体，优缺互补，交互使用，这样才能发挥各种教学媒体的综合功能，更有利于吸引学生的注意力，取得最佳效果。

(四)处理好关系，构建信息技术与课程整合的模式

信息技术是为教学服务的，其应用效果的优劣主要取决于人，而不是技术本身。因而，在多媒体教学系统诸要素中，教师始终是最重要的因素。不论采用的媒体、技术如何先进，教师在教学中的灵魂地位不能动摇，教师始终发挥着主导作用。

在现代教育技术教学应用中教师的作用不但不会被削弱，而且会显得更加重要。在以学生积极建构为主要方式的学习中，学生要处理和接受大量的信息、知识，尤其需要教师的指导和帮助。因此教师在掌握先进技术的基础上，更重要的是探索技术如何与学科课程有效整合，尝试适合该门课程特点的新型教学模式，使技术真正为人所用，真正发挥其应有的作用。

六、健全管理考核机制，保证现代教育技术持续发展

管理是管理主体在能动地认识客观对象的本质和规律的基础上，自觉地制定政策、计划，然后通过组织、指导和控制等环节，把自己的思想意志转化为管

理客体的人的思想、意志，从而有效地利用人、财、物；特别是统一人们的认识、行动，协调他们努力实现决策、计划并达到共同目标的一种社会活动过程。教育管理，要为实现教育关系的和谐以及整个教育事业的良性运行和有效管理服务。对于地方高校现代教育技术应用来说，就是要树立科学发展观，建立高效的领导组织机构，健全现代教育技术管理考核机制，通过科学有效的管理，保证地方高校现代教育技术的和谐健康发展。

(一)进一步健全组织机构，明确机构职能

地方高校应坚持系统性原则，实行统一领导、归口管理、分层实施的管理体制，从组织上建立起保证现代教育技术系统工作正常运行的机制，才能保证现代教育技术工作的健康发展。要用现代管理理念，强化层级管理，要委之以职、授之以权，行之以责，要"责、权、利"相统一，做到思想到位、组织到位、措施到位、落实到位，不能含糊。

1.改革学校领导体制，建立现代教育技术组织领导体系

首先，地方高校要尽可能在领导体制上建立"扁平型"的组织机构，保证现代教育技术建设与管理的顺利进行。其次，地方高校要成立主要领导挂帅的现代教育技术工作领导小组，作为决策机构全面领导学校的现代教育技术的建设、管理和应用工作。主要负责审定学校现代教育技术建设和发展的总体规划、政策法规、各种规范，布置阶段性任务、决策人员和经费的投入等。再次，学校应借鉴国外管理经验，尽快引入 CIO(信息主管)制，建立 CIO 体系，即建立起一个自上而下的现代教育技术机构系统，由 CIO 统领、统管学校各级现代教育技术部门。其主要职能是为学校决策层提供现代教育技术支持和服务，全面管理学校现代教育技术的建设和应用工作。

2.尽快完成现代教育技术机构的"整合"，并明确机构职能

根据教育部《关于加强高等学校教育技术工作的意见》精神，各个学校应在原有机构的基础上，本着合理配置教学资源、优化机构设置、统一管理的原则，尽快解决地方高校目前现代教育技术机构存在的"机构名称繁多，隶属关系多样；机构职能定位和功能划分不准，管理水平不高"等问题，逐步建立和完善现代教育技术机构。其基本任务：运用现代教育理论和信息技术，优化教学过程，开发利用教育资源，深化教学改革，提高教学质量和效益，推动教育手段现代化的进程；统一管理原有的电化教学、音像媒体教学、计算机辅助教学、多媒体教

学、网络教学、远程教学、教学设计和院（校）有线电视台等工作。地方院校应依据自己的实际情况把现代教育技术机构建设作为内部管理体制改革抓紧抓好，重点是对现代教育技术资源进行有效整合，特别是对"多中心"进行整合、重组。不仅要重视硬件的资源整合，更要注重人力资源的整合，特别是理念上和思想上的整合，只有这样才能建立和谐机构。"整合"后的现代教育技术中心，应成为学校现代化教学资源中心、多媒体教学中心、网络中心、远程教学中心、师资培训中心为一体的综合性教学单位。应该具备五大职能：教学、科研、服务、生产、管理。主要承担以下任务：负责组织制定全校信息化教育的发展规划和具体实施，制定信息化教育的规章制度；负责全校教学设备、设施的建设、管理和维护工作；负责教育教学学习资源（教学软件）建设及网站的维护工作；负责学校电视台、广播电台等节目的摄影摄像编辑等宣传工作；为学校（院）提供远程教育的学习支持；负责信息化教育师资培训的教学工作；负责信息化教育的科研工作及信息化教育评估工作。

事实证明，"整合"并明确职能的现代教育技术管理机构，使地方高校构建起了现代教育技术全面、协调、可持续发展的运行机制和管理体制，实现了比较好的管理效果。主要体现在以下方面。

一是实现了教育技术管理的优化。将多个机构整合为一，减少管理层级和环节。一个中心隶属一位校级领导分管，省掉了多个中心间的协调，容易做到步调一致，管理规范有序，同时降低了管理成本，提高了管理效率。

二是有利于实现效率最大化。实行一体化管理，避免了人为造成的各自为政、部门垄断、相互扯皮；避免了现代教育技术范畴的资源割裂、支离破碎、互相脱节，造成难作为、无法作为和效率低下。

三是避免重复建设，减少浪费，实现了资源的广泛共享。现代教育技术中心的一体化管理，实现了人力资源、技术资源、设备设施资源、教学资源的最大共享。避免了各系部添置储存教学软件资源，只局限于本单位使用，不流通，利用率低，同时也避免重复购买造成的浪费，实现了教学资源不受时空限制，广泛共享。

四是资源与技术优化整合，整体优势突出。"整合"后的现代教育技术中心，技术力量互补和整合，就具有整体优势，就能上大项目，干大事，多出成果，效益显著。由于多个中心的融合，业务工作的合并交叉使得更多的人得到再学习、再提高的机会，有利于提高现代教育技术人才的整体素质。

(二)构建考核评估体系,保证现代教育技术持续健康发展

为保证现代教育技术的和谐健康发展,教育规划决策和管理部门,应树立科学发展观和正确的"绩效观",以"应用引领发展"的思想为指导,以具有科学性、导向性和可操作性为原则,以评促"建",以评促"管",以评促"用",以评促"优",以评估与考核促进教育现代化发展为目的,逐步建立和完善"建、管、用""三位一体"的地方高校现代教育技术评估与考核体制。评估与考核的机制,应以现代教育技术应用的绩效为主要标准,要看现代教育技术的运用是否能够对地方高校现行系统进行全方位改造,从而大大提高地方高校的教育教学质量和效益,培养出社会所需要的高素质应用型人才。这样的理念不但应该成为学校上上下下的共识,而且必须转化为可操作、可检测的政策导向。

评估体系的构建要基本能覆盖现代教育技术基础设施、硬件和软件、应用和管理等各个方面,下设一级指标和二级指标。一级评估与考核指标内容主要包括组织领导、管理机制、经费投入、基础设施建设、资源建设、队伍建设、应用水平、区域特色等方面。在每一个一级指标之下,可根据不同情况设立若干个二级指标。二级指标是对一级指标内涵的分项说明,然后在相应的指标下确定权重标准、评估等级标准。建立必要的考核评估机制是实行科学管理的必然要求,也是现代教育技术应用的需要。只有如此,才能保证和推进地方高校、现代教育技术全面可持续健康发展。

第八章 职业教育信息化创新
对教学与学习的影响

第一节 对教学过程的影响

一、教学过程的生态模式:形成多元化交互学习共同体

教学过程是"学生在教师的指导下,对人类已有知识经验的认识活动和改造主观世界、形成和谐发展个性的实践活动的统一过程"。其本质是教师有目的、有计划地引导学生,促使学生积极主动地发展,逐步达到培养目标的要求。在互联网信息技术支持下,互联网教育的过程就是师生充分利用现代信息技术,支持和利用多元化交互,满足学生个性化学习,提倡智慧课程教育、多元评价等,有目的、有计划地展开教与学的双边交流互动,形成多元化交互学习共同体,共同完成教学任务的认知活动与实践活动。

教学过程包括教师、教学媒体、教学信息、学生四个要素。随着互联网等新技术进入教育领域,教学过程的四个要素都将随之发生变化,它们之间的关系和作用方式也会发生变化,整个教学过程必然会被重构。如网络媒体带来了信息呈现的多媒体性、资源的丰富性与共享性、交互方式的多样性等特点。教师与学生的关系也发生了变化,教师不再是信息的唯一来源,学生可以通过互联网获取大量的信息资源,学生的学习活动也改变了单一的看书、听讲的传统方式,教师与学生之间的交互、学生与学生之间的交互的方式更为多样与灵活,新的互联网技术给传统教育带来了新的元素,渗透并参与重组整合,颠覆传统的教学过程。具体来讲,互联网教育给教学过程带来的重组主要体现在"四个改变":改变了教师、学生、教学内容和媒体之间的关系,改变了严格固定的教学进度和程序,改变了教学交互的方式,改变了教学组织形式。

一是改变了教师、学生、教学内容和媒体之间的关系。教学系统的结构包括教师、学生、教学内容、教学媒体四要素。互联网教育颠覆了传统的班级授课模式。在互联网教育的形式下,传统的教师角色发生颠覆性变化,教师由课堂教学的主导者和知识权威转变为教学的组织者、设计者,学生的陪伴者、指导者、帮助者和促进者,学生良好品德的引导者和良好情操的培育者;学生由知识的被动接受者转变为学习的主体、知识建构的主体、情感体验与培育的主体。云教育、大数据、可汗学院、微课堂、微学分、微学位、游戏化教学等新技术和新教育方式的出现,要求教育向分散化和协作化发展,颠覆传统的班级授课制。互联网教育在教育理念和教学模式方面的新实践,为教育变革提供了新的方向。

二是改变了严格固定的教学进度和程序。互联网教育打破了传统学校教育中严格固定的教学进度和统一规范的教育体制,以往传统的课程目标、内容、结构都受到学校严格的评价体系的控制和制约,而互联网教育将固定年级的课程转变为以短视频呈现,以知识点为单位,方便选取、方便学习、方便转让、方便销售,将更多的选择权和自主权给了学生,以更实用、更个性化地满足学生需求。创始于美国可汗学院的翻转式教学就是一个很好的实例。

传统的课堂教学程序是学生先预习,然后教师上课讲授和学生听课,最后才是学生在课堂外做作业,教师批改。翻转式教学将这种过程反转过来。学生在课余时间就可以利用互联网在线视频自由上课、做作业、自主学习。在正式的课堂上,将自由学习和做作业中遇到的问题请教老师,老师在课堂上可以及时辅导,同学之间也可以相互交流、进行思想碰撞。

三是改变了教学交互的方式。在传统教学过程中,教师与学生的交互通常发生在学校中课上或课下的面对面交互,对于教师与学生来说这种交互的时间是恒定的,交互呈现出明显的单向化和单一化特征。教师与学生之间较多发生的是一对多的单向广播式交互。但是,在互联网教育背景下,教师与学生的交流方式有很多,除了传统的面对面的交流,还可以利用微信、微博、APP 等多种方式,实现与学生实时或异步的交互,实现一对多、多对多的交互,教师既可以与学生进行面对面的教学互动,也可以运用多媒体网络的交互控制性,与学生实现实时与非实时的交互,实现个别化辅助教学。借助社交网络,学生可以在教师指导下,与来自世界各地的不同领域的专家或学习伙伴进行交流、讨论,拓展和强化学科知识,这些都极大地提升了教学交互的效率。

四是改变了教学组织的形式。互联网教育背景下的教育环境、学习者的行为、教师的教学行为、教学资源的获取、师生关系的互动等都发生了变化。传统学校教育中的教学模式关注的是教师的知识传授,将信息技术视为教学实践中的辅助性工具,强调学习结果的重要性。互联网教育背景下,教学组织形式已经发生了转变。互联网教育有着虚拟时空一致、融合度较高的群体性特征,师生虚拟共享、共建共享。互联网等新技术与教学的双向深度有效融合视角下的教学模式构建更加关注学生主体性的发挥,主张将信息技术真正融入学科教学实践和学生的学习实践。教师在教学过程中利用多媒体工具实现了大信息量的呈现,同时利用信息通信工具在课堂上实现了教师与学生之间信息的多向传递,这些大数据所带来的变化已深入到课堂中。

综上所述,互联网教育颠覆了传统的班级授课模式,打破了传统学校教育中严格固定的教学进度和统一规范的教育体制,改变了师生、生生交互的方式和范围,也改变了教育环境、学习者行为、教师的教学行为、教学资源的获取等,构建了全新的教学生态模式,形成了具有多元化交互的学习共同体。

二、互联网教育颠覆了传统的班级授课模式

(一)人工智能教学的特点

1. 智能化

信息智能化是教育发展的重要趋势之一,其大量的数据隐藏着丰富的信息价值,在知识表达和运算推理的基础上,打造一个算法模型,它会通过这种高性能的并行计算让这种价值能量得到释放。在教育领域的将来会有更加多样的智能工具来支持教学的施展,智能教学使学习者产生新的学习体验感。人机交互将愈加便利、智能,线上学习环境将与生活场景完美结合,终身学习会变成新常态。

2. 自动化

与人相比,人工智能在编程、内存、规则、逻辑计算等方面更具优势,并且更擅长处理目标事务。对主观事物,如果没有足够明确的目标,会有更大的难度,如数学、计算机等学科有着客观评估标准,它们便于量化,并且高度自动化,更适合用人工智能来辅助完成。另外,利用自然语言处理和文本挖掘等新技术的开发,主观问题的自动评估技术也将会越来越成熟,并适用于大规模的考试。将来教师不再被束于繁重的评价活动中,可以将大部分注意力转移到教学安排中。

3.个性化

个性化定制可以以学习者的个人信息、认知程度、社会信息学习过程等数据库资料为参考依据，编写智能程序，构建学习者自主学习的模型。经过不断扩展和更新搜集到的数据来自自主学习调整、优化模型参数。可以更好地按照学习者的个人需求进行客观分析和定量，实现个性化学习路径以及与之相关的服务。

4.多元化

人工智能涉及许多学科，未来的教学内容需要适应其发展需要。比方说以国际为例，美国对STEM(科学、技术、工程和数学教育的总称)学习非常重视，我国政府则是高度重视和鼓励加强普及人工智能专业教育的应用，形成"人工智能＋X"的新型培养模式。从人才培养的角度来看，学校方面应该更加注重教育的多方变革，一直以赢得未来国际化的多元化趋势为目标，实现教育领域的不断创新，注重培养所有学生的素质，培养创新思维，为未来的发展注入新的血液。

5.协同化

从时间的角度来看，人机协调发展是人工智能推动教育智能发展的趋势。从科学修养的角度来看，学习者根据自己的知识自主地构建和理解新知识的过程就是学习。因此，在智能学习背景下，教师和人工智能是不可或缺的，这是人工智能辅助教学的特点之一。

(二)"人工智能＋教育"的优势

中国人工智能教育论坛为人工智能教育的进一步深入调研和应用提供了推动力，为人工智能与教育相适应提供了技术支持。人工智能的发展过程可以分为时间和技术两个维度。在发展过程中，人工智能与教育相互结合，取得了大量的研究成果，为"人工智能＋教育"研究发展提供了坚实的理论基础。

1.数据驱动为教育信息化发展引领方向

人工智能技术在教育领域的深入应用，促进了信息技术与教育的融合与创新。从较早时期以规则为基础的知识表达和推理，再到深入地以学习为基础的自然语言处理、语音识别和图像识别，人工智能在教育领域中经过了许多发展阶段。不仅是算法模型有了明显的改进，以大数据为模型的训练数据同样为人工智能增添了动力。大数据是以数据为材料和以认知计算为核心的,需要在大数据中挖掘知识,然后根据知识总结出智能化的决策。数据在如今已然成为各行业所看重的焦点,同样以大数据驱动的智能决策、服务也被学术界作为研究重点。大数据在教育领域中可以做到解释教育过程中发生的现象,揭示教育发展趋势和规律。数据驱动的方式为教育研究带来了从经验主义到数据主义的转变。由此看出,数据驱动的、人工智能的、新方向的教育数据革命已经来临。

2. 以深化应用推动教育教学模式变革

人工智能在实现教育卓越方面的重点是技术处于最前沿。可轻易得出人工智能在教育领域的应用具有强烈的场景特征。人工智能教育论针对教育实践活动中的特定问题,并且具有明确的问题空间和目标定向。驱动技术与教育的融合是教育领域技术的深入应用。比如,在自动口语评估中,特定对象可通过语音识别技术进行学生口语的自动评估。对人工智能技术在教育领域的深入研究,打造了一个可强烈感知、互动性强和无处不在的学习环境。它解决了学生学习知识和构建知识的条件障碍,为创新教学模式和应用提供了空间。

3. 采用融合的方式创新优化教育服务供给

人工智能使教育能够实现该领域的跨学科整合与创新。人工智能与许多相关学科密切相关,通过整合神经科学、认知科学、心理学、数学等基础学科,共同促进了教育人工智能技术的发展和应用。与此同时,人工智能本身的发展与人工智能教育培训是密不可分的。这种教育需要基于 STEM 学科的整合。人工智能和教育相辅相成、相互促进。创新教学模式,不同于以往的传统式教育,是通过教学方法改革,使教学在管理上趋向于智能化、高效化,跨域推理集成了来自多个不同领域的数据和知识,以建立坚实的智力基础。跨媒体感知计算基于对智能的感应,对场景的感知,视听、多媒体自主学习和理论方法,其目的是实现超越人类感知和高动态、多样化模式的大规模场景感知。人工智能技术与教学内容、教学媒体和知识传播路径的多层次整合突破了传统教育模式的局限。这是建立学习型社会的一种方式,每个人都可以随时学习和接受学习与教育。在分析教育中人工智能的主要应用和典型特征的基础上,在大数据和深度学习的支持下,人工智能在关键技术上取得了重大意义上的突破。它促进了教育领域人工智能的多样化应用形式,为此提供了更加智能的学习服务体验。它展示了智能、个性化、多样性、自动化和协作的特征和未来趋势。在服务监督和治理政策的有效保障和指导下,开展理论和技术研究是促进人工智能与教育一体化的重要途径。

(三)人工智能在教学过程中的应用对策和措施

1. 解决阻碍教学走向个性化的关键问题:使用 AI 技术

"人工智能+教育"是基于互联网和教育相结合的进一步发展。在开展教育生态的基础上,它越来越重视个性化教育服务的作用,改变以往的传统思想并与先进的科技相结合,个性化教育的可行性得到了很大的提高。评价是教学活动的重要组成部分,自动化测评技术的应用引发了评价方法和形式的巨大转变。该系统可以实现客观、一致、有效的评估结果,并及时反馈,减轻教师在其他工作中的负担,为教学决策提供真实可靠的依据。

通过"诊断报告单"这份材料,学习者不仅可以对自身知识点和能力点掌握的程度有所了解,还会了解这一段学习过程中的不足和缺陷,并据此给出建议和对策。借助人工智能,通过对学生学习成长过程与效果的数据形成"画像"诊断得到更高效率的学习,将学习情况反馈给学生和教师,教师就可以根据学生教学进度的不同对症下药,选择制定个性化的教学方式和内容完成教学目标,进一步提高教与学的效率、效果。

2. 将解决个性化教学核心问题的人工智能技术打造成核心服务

典型的智能导师系统主要将领域模型、导师模型和学习者模型分为三个部分并融合在一起。领域模型也叫作专家知识,将学习领域的基本含义、规则和问题解决方式涵盖于同一系统当中,通常由层级结构、语句框架的形式表示,完成知识计算和诊断分析就是它的主要作用。在导师模型判断出适合学习者的学习计划和活动形式后,学习者模型在学习过程中深刻地表达了学生的认知方式、水平和情感。其实,学习者模型和领域模型所具备的三个要素,分别为教师、学生和教学内容的计算机程序实现。教学内容与计算机之间的关联是在教师与学生的传统关系上增添的,它们之间有全新的相互关系。领域模型的基础是智能化,教学模型根据学生模型分析判断出学习者当前的知识技能层次和情感状态,据其领域知识及其推理,做出适应性决定,以适应学习和制订个性化的教学计划。这种个性化的指导是尊重学习者的个性特征,包括学习风格、兴趣偏好等,以充分满足学习者的个性化需求。

人工智能技术的发展会带动教育信息化的进步。教师与学生在未来的教育研究、管理和规划等方面会面临诸多智能化变革带来的挑战和机遇,教育若想有更好的发展,就应积极主动去适应调节,借助现有的技术优势,以加快人才培养、教学方法改革,推动人工智能在教学、管理、资源建设等整个程序中的应用,打造出智能、快速、全面的教育分析系统,建立起一个具有精准教育服务的教育环境,以学习教育为中心,可定制日常教育和终身教育,使其成为一种集智能学习、交互式学习为一体的新型教育体系。智能教育会给"人工智能+教育"人才培养体系建立提供一个坚固的保障,未来人工智能背景下智能教育会有效地加强信息技术与教育教学之间的融合与创新,为教育领域创造新的惊喜。

三、信息技术促进教育信息化

信息技术在教学中的应用:通过上面对当前教育信息化的发展现状所做的较为详细的综述和探讨,我们可以看到,信息技术在教育教学(特别是在教学模式的转型)中的重要性日益凸显。为了发展信息化教育,实现信息技术与教育全面深度融合的终极目标,当前诸多的信息技术手段已经陆续被应用到校园和课堂中,并已经取得了较为显著的成果。例如,董艳在其《信息技术在高校课堂教学中的应用现状及模式研究》中对北京师范大学教学课堂中信息技术的应用现状做了详细的研究,重点考察了信息技术设备(如多媒体黑板、话筒、MATLAB 软件)的应用情况,发现这些设备的使用频率较高,受到教师和学生的欢迎。然而,仍然存在一些有待解决的问题,如网络全覆盖存在技术上的困难、教师和学生"板书口述"观念的根深蒂固等。但在文章最后,她呼吁高校教师应重视利用信息技术,积极开展信息技术与学科课程的整合,促进学生学习能力与素养的全面提升。

除了使用信息技术的硬件,许多现代化的课堂教学新模式也应运而生,使得传统的教师传道、授业、解惑出现时间和空间上的分离,在信息技术的支持下课堂教学已经逐渐打破传统"在场"的限制,教师教育教学和学生自主学习呈现出多元化、多层次以及脱域化的发展趋势。这些主要的新型课程教学模式如下。

1. 慕课和微课

在线教学模式根据教学资源的系统性和教学时间的长短可分为两种形式:一是资源相对丰富、系统,在线时间较长的教学模式——慕课。慕课平台的资源主要是由各大名校或者高校教学联盟负责开发。慕课教学与传统教学形式同时存在,学生可以根据自己的兴趣爱好及学习所需,在各大慕课平台上注册后即可开展学习。二是教学内容较为短小、教学时间也较短的在线教学模式——微课。一般来讲,微课的教学时长在 10 分钟以内。教学内容通常围绕某一具体的主题展开,同时在教学过程中借助信息技术工具,开展信息化环境的学习方式。通过比较分析,这两种典型的在线教学模式具有以下特点:其一,慕课是一种规模化的在线教学,教学内容具有系统性,而微课教学重点关注某一教学重点或教学主题,其目的是帮助学生理解某一知识点或构建知识体系;其二,在互动性方面,由于面向大规模的授课群体,慕课的在线教学互动性不强,而微课教学面对的是小数量的群体,重视在线教学的互动性,重点满足学生的个性化学习需求。不少研究人员对这两种在线教学模式进行了比较研究。比如,有研究人员针对现代信息化背景下从慕课到微课这种教育信息化教学模式的转型过程进行了探讨,并倡导构建慕课、微课一体化的新型教学模式,充分发挥信息技术高效、便捷的个性化作用,从而推动课堂教学质量和水平的快速提升。总之,慕课、微课需要结合信息技术的特点不断创新实践模式,才能适应职业教育教学的发展需求。

2.“对分”课堂与翻转课堂

“对分”课堂倡导学生参与课堂教学活动,通过参与完成课堂中的活动(如听课、自学、作业、讨论等)实现对学习内容的主动构建,同时在完成活动的过程中,加强师生之间的互动交流,促进教师与学生都在教学过程中发挥个人作用,最终实现教学质量的提升。随着信息技术的快速发展,“对分”课堂的教学理念得到了进一步的传承与发展,以另外一种新的教学模式“翻转课堂”出现,它是信息技术“武装”下对“对分”课堂的发展和进一步的完善。翻转课堂的另外一个名称为反转课堂或颠倒课堂,这种教学模式主要实现了课前、课中任务的重新规划与分配。例如,在传统的教学中,学生获取知识的方式主要是在课堂中通过教师的教授习得,而课后则是完成教师布置的作业以便进一步巩固所学的内容。翻转课堂与传统课堂教学时序则刚好相反,学生需要在课前通过观看教学视频或自己动手查找教育资源等方式来完成教学内容的学习,学生也需要在教学视频或教学网站上完成学习内容的测试,以检测对学习内容的掌握情况。在课堂上,学生则更多地是参与学习讨论,针对学习中存在的疑虑与问题开展深入探讨,最终实现对学习知识的深度理解与内化。这种教学模式借助现代信息技术,使教学过程能最大限度地利用一切有效时间,增加了师生在课堂上的交流互动,在拉近师生关系、营造良好的共进氛围的基础上,能够帮助学生养成自主学习的良好习惯,消除课堂疑惑,真正做到学有所获,学有所用。有学者通过对当前参与翻转课堂实践的一线教师的问卷调查发现,尽管目前翻转课堂对教师来说还属于新的事物,但大多数教师已取得了不错的效果,尤其是在提升学生的学习兴趣、主动性等方面。从教师实施翻转课堂的动机来看,翻转课堂迎合了教师改变自身教学现状需要的同时,还受到学校的支持,"一场新的改革趋势逐渐形成"。另一位学者崔艳辉探讨了翻转课堂在英语教学中的应用情况。她看到了翻转课堂在课堂教学中的促进作用,因此以通识教育的英语课程为例展开了相关的调查工作,尝试论证翻转课堂的切实可行性。她在其《翻转课堂及其在英语教学中的应用》一文中提到,翻转课堂作为一种新型的教学模式,符合当前我国教育信息化的发展需求。目前,我国英语教学方面还存在一些缺陷,利用新型教学模式开展英语教学,提升学生的学习主动性,对促进学生的学习效率和学习效果大有裨益。最后,她提出我国高校英语教学应积极引入这种新型的教学模式,成为英语教学改革与发展的助推器。

3. 虚拟技术与云计算的广泛应用

虚拟现实(VR)是指现代仿真技术,是融合了计算机图形、图像处理、传感技术、智能技术的计算机系统,使用者通过借助特定的设备从视、听、触觉上与虚拟环境中的对象进行交互,从而产生一种身临其境的感受与体验。相关研究表明,相比对数字和文字等抽象符号的理解,人类更倾向于对图像、声音等具有感官信息的掌握。云计算是指为用户提供数据运算、数据存储及数据处理的一种计算机服务。一般来讲,云计算具有以下典型特征:①由于数据采集与数据存储不受地理位置限制,可实现随时随地处理,具有较强的便捷性;②云计算的数据存储在多个云端服务器上,可避免由于本地服务器的损坏导致的数据丢失,具有较强的安全性;③随着网络技术的快速发展,可扩展性和虚拟化也是云计算的主要特征之一。不少学者也对云计算及虚拟技术在职业教育教学中的应用开展了实证研究。在实践教学中应用虚拟现实技术可以实现实践对象的多维展示、模拟仿真,通过人机交互可完成更高强度的实践过程,获得良好的实践效果。因此,将新型技术(如云计算、虚拟技术)融入现代高职院校的实践教学、提升实践效果将成为未来发展的共同趋势。由虚拟技术、网络技术、多媒体技术融合实现的虚拟实训室包含了实训所需的环境、设备、特定实训对象及实训资源等,有效解决了不少学校因设备欠缺、师资不足而无法开展实训这一难题,这使完成成本高昂、风险较大的操作性实训成为可能。另外,由于虚拟现实技术的强交互性与体验感,学生的学习兴趣也得到了较大幅度的提升,这有助于学生对学习知识的理解与内化,大大提升了实训教学效率。因此,在云计算与虚拟技术为代表的新技术的驱动下,高职教育中实训教学将迎来快速发展的新阶段。

四、教育信息化对课堂教学的影响

当前信息技术在我国教育领域的应用,已经越过了以信息化基础设施建设为主的初级阶段,开始深入应用信息技术创造的新时空和丰富的学习资源,探索发展学生创造性思维的深层学习行为,并创造出各种研究性学习、团队学习的新形式,推动学习方式变革。这些标志着教育信息化新阶段的降临,也开始展现出信息技术在推动教育创新发展中的强大威力和广阔的前景。教育信息化对高职院校课堂教学的积极影响主要表现为以下几个方面。

(一)推动了课堂教学模式的深度创新

教育信息化发展极大地促进了课堂教学模式的转型步伐。通过信息技术的催化作用,高职院校课堂教学从传统教学模式向现代教学模式转型过程的速率大大加快了。可以看到,从过去尝试对教师"口述板书"教学形式的改变,到尝试给予学生更多的自主学习和独立思考时间的改良,都没有从根本上解决"寓教于乐"的动力机制问题。换句话说,仅仅在师生传统的互动模式上尝试创新还不能很好地调动课堂的积极性与主动性。而教育信息化通过信息技术自身的科技性、趣味性特征,能够在一定程度上吸引学生的课堂兴趣。同时,教育信息化自身具备的灵活性和多元性,能够给予教师更多的发挥空间,促使教师能够对课堂教学做出更为深入的理解和创造。

(二)拓展了课堂教学的时空

信息技术可以营造全新的学习环境。互联网、智能手机与电脑等多媒体工具成为信息技术的代表,这在很大程度上打破了时空地域的界限,网络学习、移动学习、微型学习、泛在学习、虚拟学习等一系列数字化学习不断涌现,使每个人随时随地学习成为可能。以信息技术、学习工具、学习资源和学习活动为支撑,依托科学分析和挖掘全面感知的学习情境信息或者学习者在学习过程中生成的学习数据,用来识别学习者特性和学习情境,灵活生成最佳适配的学习任务和活动,从而引导和帮助学习者进行正确决策。由此可见,信息技术深度融入教育教学,使生活环境和学习环境融合为一体,彻底改变了传统的教学和学习形态,形成一种高度智能的信息化学习生态环境。

(三)丰富了课堂教学的资源

由于传统教学模式仅停留在对课堂本身的理解和探讨,其资源和成果具有相对的封闭性。尽管这种封闭性并不会对课堂教学带来任何影响和损害,但从长期来看,相对封闭的教学模式必然不利于知识和教学成果的共享,自然也就不会博采众长、有所发展。当前,在教育信息化背景下,通过互联网络,许多优秀的教学资源能够为更多教师和学生获取和共享,这就使得知识在真正意义上流动了起来,能够在共享过程中产生碰撞,从而在一定程度实现教育资源的公平分配。

当然,教育信息化在对高职院校教学模式转型产生积极作用的同时,也造成了不同程度的消极影响,主要可归结为以下几个方面。

1. 技术应用的泛化

受到"科学技术是第一生产力"和"技术万能"思想的影响,大家普遍认为信息技术手段是提高教学质量水平的灵丹妙药,不仅要支持教育信息化发展,还要大力推进信息技术在教学课堂中的使用。"有"总比"没有"强,"用"总比"不用"好。这就产生了许多的问题。可以看到,一味地追求信息技术的使用甚至是不加区别的使用,会使得课堂教学忽视各门课程的实际特点和特有规律,造成信息技术使用的泛化。另外,由于对信息技术的过度崇拜,许多教师将目光盯在了技术进步上,盯在了如何创新教学的呈现形式上,而忽视了对课堂教学内容的打磨和丰富。

2. 师生互动的缺乏

教育信息化背景下多种教学形式和教学平台相继出现,确实在一定程度上推动着课堂教学的发展和前进。然而,无论是从慕课到微课,还是智慧课堂的信息化教学管理,尽管提升了课堂效率,促进了教学资源共享,但是师生间的互动也因为信息网络的超时空性而受到限制。采用传统的教学模式,尽管教学形式单一,但是师生间面对面的良好互动能够帮助教师更好地掌握课堂进度,掌握课堂目标和课堂效果等要素的实现情况,从而能及时做出教学调整。同时,学生通过当面提问和教师互动,能够在第一时间得到来自教师的关注和解答。这无论是从"授业解惑"还是对自身学习情绪的调动、学习信心的提升来说，都具有十分重要的作用。网上的信息互动和课堂提问，一方面面临着在线人数众多、教师无法一一做出解答和回应的实际困境，另一方面缺乏临场的直接交流，很难给学生以实质性启发和心理上的满足。

3. 教学形式依旧较为单一

目前，信息技术在高职院校课堂中的应用还处于初级阶段，仍然是以"教师讲授，媒体演示"的模式为主。教师没有将现代教育理念渗透和应用到教学过程中，只是利用现代教育技术手段去适应传统的教学思想和模式，结果自然不是很好，不仅不能够发挥信息技术手段的优势，改变传统教学的弊端，反而由过去的"人灌"变为现在的"机灌"或"人机共灌"，使传统教学的弊端被延续和放大。这种模式在开展信息技术教学应用的初期阶段，由于其直观显示的形象生动性，会提高学生上课的兴趣，从而使学生积极地参与到这门课的教学过程中来；但随着时间的推移，学生也发现这种单一的教学模式只是传统教学模式的延伸，自己仍然处于被动接受者的地位，因而产生了厌倦的情绪，学习兴趣也大幅度降低。

第二节　对学生学习效果的影响

一、学习方式多样化

信息技术的运用催生了翻转课堂、移动学习、远程教育的出现。移动学习和现代远程教育最突出的特点是非线性结构，在授课内容、授课时间，甚至学习过程方面打破了传统教学的线性结构，使教与学双方结合，从而提高教学效率。而翻转课堂更是迎合了"以学为中心"的教学理念，把更多的时间留给学生，转变了传统教学模式中教师和学生的角色，使学生从知识的被动灌输转变为主动吸收、深入探索，极大提高了学生的学习效率。

优质的教学资源和良好的教学环境也是提高学生自主学习能力的重要影响因素。《教育信息化十年发展规划（2011—2020 年）》明确指出："利用先进网络和信息技术，整合资源，构建先进、高效、实用的教育信息基础设施，开发整合各类优质的教育教学资源，建立教育资源共建共享机制，推进高等教育精品课程、图书文献共享、教学实验平台等信息化建设",以"培养学生自主学习、自主管理、自主服务的意识与能力"。有研究人员提到高职院校将优质资源慕课化,即将教学资源精细化,提高网上课程资源的易用性和可用性,学生学习的自学能力能得以提升。有学者认为,应该发挥现代信息技术在培养职业院校学生的自主学习能力中的积极作用,建设新型教学基础设施(如自主学习中心),可以提高和培养自主学习能力,提高教学质量。而自主学习中心的构成要素之一就是自主学习资源,优质的学习资源是满足学生个性化学习的前提条件,也是实现学生自主学习的重要物质基础。各种移动技术的发展与普及让无线网络覆盖整个校园,能为广大师生提供无处不在的学习工具和环境。

另外,学生进行自主学习资源主要来源于学校教育资源云平台、学习资源中心、课程中心、电子图书馆、知识网络平台,丰富的学习资源能为学生自主学习提供物质基础。但现阶段高职院校教学资源环境建设仍不能很好地支撑学生的自主学习,例如,教学资源缺乏系统全面的整合,未能在教学资源整合工作中起到主导作用,高职院校对教学资源平台的推广度不够,教学资源平台与数字校园系统缺乏必要的集成。学生自身学习习惯及能力则是影响学生自主学习能力的最重要的决定性因素。尚建国等人通过问卷调查法和访谈等方法调查发现,学生自身因素(即自我效能感、目标定向、自我调节学习策略等因素),会直接或间接影响学生英语自主学习能力的培养。

二、学习环境智能化

信息技术突破了学习的围墙,在一定程度上扩展了学习的手段与范围,有助于构建师生积极互动的教与学的新模式。教育信息化是教育理念和教学模式的一场深刻革命,信息技术的深度应用,迫切要求学与教的"双重革命"。教师的信息技术能力在数字化校园发展中的作用越来越重要,它能够优化教学、培养创新型人才。

随着计算机和网络技术的不断创新与完善及其在教育中的持续扩散,融入了多媒体交互技术辅助教学的在线教育,通过更强烈的师生临场感,提升和普及了远程教育。高度发达的信息技术在教育中的广泛应用已经成为全球发展的一个趋势,智慧学习是以泛在学习和社会化学习为基础形成的新型学习范式。

三、信息技术应用使得教学管理更加有效

教学管理就是对学校教学等各方面综合信息资源（如学生、教师、课程、学籍、考务等）的管理。面对庞大复杂的数据信息，人工管理效率低下，数据保密性差，且易发生数据丢失或统计数据不准确的情况，而信息技术的普及和广泛应用，能为提高教学管理的效率提供有力的手段。计算机管理系统能够应用于高职院校教学管理的各个方面，它可以通过建立有序的数据表来降低数据的冗余度，节约大量的资源，减轻教学管理的负担。计算机管理系统改变了教师原有的工作方式，使教师不必重复进行分数统计、计算、排名等繁重劳动，从而将节省的大量时间投入教学研究中，提高教学质量。同时，学生可以迅速准确地了解到课程和考试信息，及时掌握学习情况，提高学习效率。此外，计算机管理系统能够规避人工管理造成的统计和分析数据不准确的问题，能够极大地保证数据的准确性和安全性，并且可以快速地对大量数据进行统计分析和深入挖掘，发现其潜在价值。计算机管理系统方便用户使用，能够极大地提高工作效率，实现高职院校的教学管理的正规化、科学化和现代化。

有学者提到未来在线教育的发展目标应该是建设若干具有一流课程、一流教学团队、一流管理能力和领导力的"虚拟教育组织"，虚拟教学团队分布在不同地理位置，从属于不同组织，通过各种在线交流工具（电子邮件、QQ）进行同步、异步交流。在大数据时代，高职院校管理信息化建设应朝向数据挖掘等方面进行深度探索，教学管理系统建设显得尤为重要，而优化管理系统的关键在于科学设计教学管理系统，从而实现教学管理的信息化、规范化和智能化。教学管理是高职院校管理工作中的重要组成部分，而在教学管理信息化建设中的重点和难点是提高教学管理人员的信息技术水平，应当优化教学管理人员的素质。"充分利用云计算、大数据、人工智能等新技术，构建全方位、全过程、全天候的支撑体系，助力教育教学、管理和服务的改革发展"，这是《教育信息化2.0行动计划》提出的重要任务之一。以信息技术为代表的各种新技术作为一种新的教学手段出现在高职院校课堂教学中，改变了教学方式，丰富了教学资源，而这些新的变化必然会对教学管理产生一定的影响。值得反思的是，由于现行教育系统内各种因素的限制，教育信息化长期把发展焦点置于传统教育的加固上，导致了信息技术与教育的融合仍处于浅层次，严重制约了信息化效能的发挥，也违背了信息时代创新人才培养的初衷。信息技术在高职院校课堂教学中

的应用,不是要加固传统的教育教学方式,而是要融合创新变革形成新的教育教学模式。随着信息技术的发展,教学资源的丰富,教师信息技术应用能力的提升,以及计算机、投影仪、电子白板等设备的应用越来越便捷,不少教师远离甚至舍弃了黑板,让投影和白板等成为课堂的主角,让教学过程变成"教师放课件,学生观课件",让讨论、探究都成了走过场,让课堂由"人灌"变成"机灌",转而使"机器"主宰了课堂,教师和学生沦为了"机器"的奴隶。这不仅没有发挥信息技术对教育教学的变革作用,反而加剧了传统课堂教学的"异化"现象。

四、推广研究性教学,培养学生的创新意识

教学从知识传递向注重能力培养的转变,必然要求教学方式方法的变革,推进研究性教学正是深化教学创新的重要路径,也是研究型大学人才培养的一个基本特征。研究性教学是一种将教师自身的研究思想、方法和最新成果引入教学过程的教学模式。研究性教学,使教学建立在科研基础上,科研促进教学的提高,教学与科研互动并向学生开放,从而引导学生在参与教学过程中步入科研前沿,激发学生主动思考、主动探索、主动实践的创新意识。研究性学习的过程是情感活动的过程,通过让学生自发地参与探究性学习活动,获得亲身体验,逐步形成一种在日常生活和学习中勇于探索、努力求知的良好习惯,从而激发探索和创新的积极欲望。研究性学习的过程就是一个探索的过程,在一个相对开放的环境中寻找问题和探讨解决问题的过程。通过这一过程,可以培养学生的思维能力,培养学生发掘和解决问题的能力,使学生掌握一定的科学的学习方法,增强学生对资料的收集能力、分析能力、总结能力,以及学会利用多种有效手段、多种途径获取信息。研究性学习的过程是一个互动的过程。在这个互动的学习过程中离不开学生与团体、学生与学生之间的沟通与合作,可以说研究性学习为学生提供了一个人际沟通与合作的良好空间,为学生分享研究资料、学习信息、创意和研究成果及发扬团队精神提供了一个很好的交流平台,培养学生学会合作,发现问题,克服困难,共同解决问题的能力。研究性学习的过程也是一个实践的过程,要求学生从实际出发、实事求是,尊重他人的研究成果,严谨治学,积极进取。研究性学习的过程也是一个培养学生全面素质提高的过程。学生通过学习实践加深了对科学的认知,认识到科学对自然、社会的积极意义与价值,懂得思考国家、社会、人类与世界共同进步、和谐发展的伟大命题,在培养创造能力和实践能力之余还形成了积极的人生观、价值观。而且,

研究性学习过程也为学生提供了综合运用各门学科知识的机会,加深了学生对学过知识的重新记忆,加强了学生知识的生活化,进行开放性教学,培养学生的积极参与能力及自主创新能力。开放性教学是为了鼓励学生主动积极地去探究知识规律,对传统教学过程中影响学生发展的不合理因素进行创新,从而培养学生自主创新性学习能力的新型教学。开放性教学的主要思想理念在于以学生的发展为本,通过教学目标、教学方法、教学内容及整个教学过程的开放,从传统的封闭式课堂教学走向开放式教学,充分发挥学生的主体作用,让学生自己掌握学习主动权,自己去探索、发现,培养学生的创新能力。在开放性教学中,教师不能仅仅拘泥于教材、教案的内容,要给学生提供充分发展的空间,创设有利于学生自主发展的开放式教学情境,根据学生的发展状况不断调整教学过程的每一个环节,激发学生学习的动力,促进学生在积极主动的探索过程中健康、全面、和谐地发展。开放性教学不只是一种教学方法、教学模式,它还是一种教学理念,它的根本目的是让学生的创新潜能得到充分发展,以开放的教学活动过程为路径,以最优教学效果为最终目标。

五、开创互动性教学,提高教学质量

互动性教学就是在教学过程中充分发挥师生双方的主动性,师生之间相互交流、相互探讨,促进师生共同发展,最终优化教学效果、共同完成教学目标的一种教学模式。互动性教学可以活跃课堂气氛,而且能够及时反馈学生的学习进度及掌握知识的规律。互动性教学包括教与学的互动、教学理念的互动、心理的互动以及形象和情绪的互动等。互动性教学是一种富有生命力的创造性教学,有着现代性、互动性和启发性的特点,它不同于传统的教学模式,也不同于放任学生自由学习的教学模式,它要求教师按教学计划组织学生系统地、有目的地学习,并要求教师按学生的发展要求有针对性地因材施教,促进教师努力探索、学习,不断提高自己的专业水准和教学水平,同时激发学生学习的积极性,促进学生个性的发展,提高教学效果和效率,最终提高教学质量。互动性教学以学生为主体,以教师为主导,提倡师生平等的沟通、交流,让学生在没有压力的情况下轻松自由地学习,让学生参与教学计划、教学决策,有利于培养学生自觉学习和主动学习的能力及创新学习的能力。

第三节 对教师角色与能力的要求

随着信息技术在教育中的应用,教学方式、方法发生巨大改变,教师的地位和作用也必然会相应地发生一些变化。陈佑清等人认为,改革课堂教学中的讲授行为是促进高职院校学生进行探究性学习的重要前提,需将课堂讲授控制在一个合理的范围之内,并着重讲解有助于学生探究意识与能力的知识。冯其红等人认为,教师应当转变教育思想和教育观念,充分调动学生的主动性,预留更多的时间和空间;尊重差异性,给予学生更多选择性;强调知识学习与实际应用的结合,注重培养学生的学习能力及创新能力。郑云翔等人也提到教师应该转变教学观念,从"以教为主"向"以学为主"或"教学并重"的观念转变,从"传授者"向"引导者"转变,从"权威者"向"平等对话者"转变,从"教材传输者"向"课程创造者"转变,同时也需要改变已有知识体系和能力素养,如信息技术素养等。以上这些理论观点在不同程度上为信息时代教师角色转变指明了方向。总体而言,教师需要从学生的学习兴趣出发,鼓励学生积极参与学习过程;需要从"知识呈现者"向"引导者"转变;需要从教学内容的掌控者向学习过程的掌控者转变;需要在教学过程中灵活运用各种教学方法和辅助手段来培养学生的创造力和创新能力。

一、教师要成为学生学习的合作者和引导者

信息化时代,教师应积极为学生构建开放、自主的学习环境,提供多种渠道,方便他们获取知识,并鼓励与实践相结合,培养积极乐观的学习态度,掌握良好的学习策略。教师要努力成为学生学习的引导者和组织者,而不仅仅是一个传统知识拥有者的角色。在教学过程中,教师应当根据不同的教学要求和目标,采用讨论法、探究法、发现法等多样教学方式与学生进行广泛的交流,组成学习共同体,以合作者的身份融入课堂教学活动中去。在宽松、和谐的情境中,教师和学生进行有效的沟通与对话,教师不再是至高无上的权威,师生间的交流和沟通变得更加通畅,学习效率得以有效优化。学生学习由被动变为主动,学习压力变为学习动力,学生学习的积极性得到充分调动,时刻保持着对知识的渴求与愿望,学生成为真正的学习主体。

二、教师要成为教学实践的反思者

著名教育心理学家波普尔曾说:"正是怀疑和问题鼓励我们去学习、去观察、去实践、去发展知识。"教师要把自己及自己的教学活动作为反思的对象,反省自己的教学行为,并深入研究教育理念、教育模式、教育主体和教育策略等方面出现的问题,最终达到对自身教育的行为进行修正与完善的目的。著名教育心理学家波思纳提出了一个教师成长的公式:成长＝经验＋反思。反思型教师就是在原有教学经验的基础上通过不断反思来改进教学过程,完善自我,促进自身职业发展的。在信息化时代,教师既要研究学生的行为,也要研究自己的教学实践,确保学生的学习行为和自身的教育行为与教学目标保持一致,并在反思性教学中,逐渐研究并构建出适合自己和学生的更有效的教与学框架。

三、教师要成为具有创新能力的引领者

今天的学生已经成为数字原住民,他们可以从网上随时随地获取知识信息,知识的获取渠道和途径变得很容易。教师如果不具备创新的能力,那么在新一代学生面前,其价值将大为下降。但如果教师具备创新能力,并且能够把这种创新能力应用于教学,那么将可以继续作为课堂的引领者。事实上,作为高阶能力的 21 世纪技能,恰恰更需要学校课程的教授和教师的引导。善于创新的教师能针对不同的教学情境采取恰当的教学措施,善于寻找机会创设良好的教育气氛,促使师生共同发展。

四、教师的信息素养

在职业院校,为了实现教学和实训的信息化,教师必须具有一定的信息素养并掌握一定的信息技能。对于不同岗位的教师,其掌握信息技能的程度要求也不同。对于一般教师,要求初步具备将信息技术和信息资源用于教育教学中的能力,制作简单的多媒体教学课件,并能够使用信息化设备辅助教学,会使用互联网资源支持备课和教学。对于骨干教师,能够制定将信息技术整合于教学中的应用方案,并具有教学应用和评价能力。比如,能够制作多媒体教学课件、网络课程等,具有利用网络教学、管理的能力(如制作教学或班级网页/主页),具有信息化技术环境下教和学的评价能力(如撰写评价报告)。对于专业骨干教师,要求掌握专业领域的信息技术知识,能够开发(或二次开发、设计)和使用

相应的教学实训软件或系统,指导教学,具有进行教学管理及评价的能力。

现代信息社会对教师的信息素养要求体现在以下几方面。

(一)掌握信息技术的基本知识并具备处理信息的能力

信息通过获取、分析、综合、提炼、加工就可成为知识,所以信息与知识密切相关。据联合国教科文组织的统计,人类近 30 年来所积累的科学知识占有史以来积累的科学知识总量的 90%,而在此之前的几千年中所积累的科学知识只占科学知识总量的 10%。信息和知识就像产品一样频繁更新换代。如果不能以最有效的方法去获取信息、分析信息和加工信息,就无法及时地利用这些信息。变化快是信息的重要特点,稍有延误就会过时,就会失去利用的价值。学校教师自己必须首先接受信息技术的再教育,应当掌握信息技术的基本知识,具有很强的信息获取、信息分析和信息加工的能力。

(1)信息获取包括信息发现、信息检索、信息选择。

(2)信息分析包括信息分类、信息综合、信息查错和信息评价。

(3)信息加工包括信息的组织与表达、信息的存储与变换、信息的控制与传输。

上述与信息的获取、分析、加工有关的知识可以简称为"信息基本知识",相应的能力可以简称为"信息能力"。这方面的知识与能力素质就是信息社会教师提出的最基本要求。

(二)能够利用信息技术支持教育改革

联合国"国际 21 世纪教育委员会"提出了"教育的四大支柱"的概念,即现代人必须具有四种最基本的能力:学会认知,学会做事,学会合作,学会生存。教育必须围绕这四种能力来重新设计、重新组织。四种能力中的"学会合作"是作为基础来强调的能力,其余三种能力则是学会合作所不可缺少的基本因素。

学会合作就是要学会设身处地去理解他人,要与周围人群友好相处,并培养为实现共同目标而团结合作的精神。"人与人相处"是伦理道德的核心内容,和谐的人与人之间的关系是社会道德规范所追求的基本目标。所以,这里涉及的是伦理道德教育问题,目的是要建立良好的人际关系。强调要把"学会合作"作为教育的基础,就是强调要把"道德教育"作为教育的基础,这正是当前学校教育所普遍忽视的,片面强调智育,忽视德育和思想、心理教育。

学会认知是让学生学会认知的手段、方法，即学会如何学习；学会做事是让学生具有在一定的环境中工作的能力，包括如何对待困难、解决冲突、承担风险和协调组织等多方面的综合能力。对于知识的学习，强调的是让学生掌握认知的手段、方法，即学会自己去发现知识，自己去获取和更新知识，而不是系统化的知识本身。由于信息时代知识急剧增长（形象化的说法是"知识爆炸"），若是像传统教育那样只强调对系统知识本身的学习与掌握，那么学到的知识大部分会很快过时，无法适应社会发展的需要，只有让学生学会认知，即学会学习的方法，才能在进入社会以后，通过自学继续学到工作中所需的各种新知识、新技能。学会生存，即具有适应社会变化、发展的应变能力。学会生存是让学生学会掌握自己的命运，具有适应环境变化、求得自身的生存与发展所需的应变能力，包括想象、思考、分析、判断、言语表达、情绪控制等方面的能力。对于智育，不但强调知识的学习，而且强调实际工作能力与应变能力的掌握。

这几种能力的具体体现应当是、也必然是能够创造性地应付和处理各种复杂的情况与严重的危机，因此上述几种能力也可以用一种能力即"创新能力"来加以概括。这就表明教育的实质是要培养具有创新能力和高尚道德精神的一代新人。时代呼唤创新人才，培养创新人才的核心是培养创造性思维，而发散、直觉、形象、逻辑、辩证思维的培养则是创造性思维培养的核心。现代教育技术对培养创造性思维具有重要意义，教师应当通过理论学习和工作实践逐步懂得如何利用信息技术支持教育改革和创造性人才培养。

（三）具有将信息技术应用于教学的实施手段

现代教育技术具有以下六个显著的优势。

（1）教学信息显示的多媒体化，它能提供多样化的外部刺激。

（2）教学信息的超文本方式，使得文字、图形、图像、音频、视频以及超链接等被引进了传统的文件中，大大丰富了信息的表达方式。

（3）教学过程的交互性，使受教育者与教育者的交流得到了实现。

（4）教学信息的大容量储存，使受教育者能够获得更多的资源。

（5）教学信息传输的网络化，扩大了受教育者的信息来源。

（6）教学信息处理的智能化，进一步提高了教育的质量和效率。

在学校教学中充分发挥这六方面的优势，首先需要教师很好地掌握这些优势，学习和掌握将信息技术应用于教学的实施能力和手段。

(四)了解和实践国家关于信息技术教育的文件法规

职业院校教师应当在学习和了解国家关于信息技术教育的一系列方针政策和法规的基础上,在自己的教学工作中自觉应用信息技术于教学,提高教学质量。此外,教师还应当具有信息道德和信息安全意识。

五、教学媒体的使用

职业院校教师的信息技能中,现代媒体的使用是必须掌握的基本技能。教师应当了解数字教学媒体的分类、特点、用途,还应当掌握教学媒体选择的方法,了解教学媒体的设计原则,并掌握课堂多媒体组合教学设计方法。

第九章　职业教育信息化创新对科研的影响

职业教育信息化对科研有着多方面的深刻影响。首先,它拓宽了科研的信息渠道。通过信息化手段,教师和科研人员能够更便捷地获取大量的国内外研究资料、数据以及前沿动态,丰富了科研的素材,有助于提出更具创新性的研究课题和观点。其次,职业教育信息化促进了科研方法的创新。各种信息技术工具(如数据分析软件、模拟实验平台等)的应用,使科研工作更加高效、精确,为研究提供了新的手段和途径。再次,它加强了科研的交流与合作。信息化让科研人员能够跨越时空限制,与同行进行更广泛、更深入的交流与合作,共同攻克科研难题,提升科研的质量和影响力。同时,职业教育信息化也对科研成果的传播和应用产生了积极影响。通过网络平台,科研成果能够更快速地被推广和应用,更好地服务于职业教育实践和社会发展。然而,信息化也带来一些挑战,如信息过载、数据安全等问题需要妥善应对。总的来说,职业教育信息化为科研注入了新的活力,推动了科研的发展与进步,使科研工作更加适应时代的需求和挑战。它改变了科研的模式和环境,为科研人员提供了更多的机遇和可能。

第一节　职业教育信息化环境下
教师科研的需求与挑战

职业教育信息化为教师科研提供了丰富的资源和便捷的工具,教师需要掌握信息技术来获取最新的研究资料,进行数据分析和处理。教师也需要具备运用信息化手段开展教学实践研究的能力,教师必须不断更新自己的知识和技能,以适应快速发展的信息技术。在数据安全和隐私保护前提下如何在信息化环境中保持科研的创新性和实用性,以及如何有效整合信息技术与教育教学也是重要挑战。深入探讨这些需求与挑战,对于推动职业教育科研的发展具有重要意义。

一、教师对信息化科研工具与资源的需求

在当今信息化时代,职业教育教师在开展科研工作时,对于信息化科研工具与资源有着多方面的迫切需求。

(一)职业教育教师需要便捷高效的文献检索与管理工具

如何在海量的信息中快速准确地找到与研究课题相关的文献资料是科研工作的重要基础。教师希望有功能强大的文献检索平台,能够一站式搜索多个数据库,并且具备精准筛选和智能推荐功能,帮助自己节省时间和精力。同时,有效的文献管理工具可以帮助他们整理、分类和标注文献,方便后续的研究和引用。

(二)数据采集与分析工具是职业教育教师不可或缺的

在研究过程中,教师往往需要收集大量的实验数据、调查数据或观察数据。他们需要专业的数据采集工具,能够方便地进行数据录入、监测和存储。而数据分析工具则能帮助他们对数据进行深度挖掘和分析,发现数据背后的规律和关系,为研究结论提供有力支撑。

(三)职业教育教师对于可视化工具有着强烈需求

将复杂的研究数据和结果以直观、易懂的方式呈现出来,有助于更好地理解和交流研究成果。他们希望能有丰富多样的可视化工具,如图表制作软件、信息图生成工具等,让科研成果更具吸引力和说服力。虚拟仿真技术和实验平台在职业教育科研中也发挥着重要作用。对于一些实际操作难以进行或存在安全风险的实验研究,虚拟仿真工具可以提供逼真的模拟环境,让教师和学生能够在虚拟场景中进行实验和探索,降低实验成本,提高实验效率。

(四)远程协作与交流工具是职业教育教师关注的重点

科研工作往往需要团队合作,而信息化工具可以打破时空限制,让教师能够方便地与团队成员进行沟通交流、共享文件和协同工作。与其他院校或科研机构的交流合作也离不开便捷的远程协作工具。对于职业教育教师来说,优质

的网络课程资源和教学案例库也是宝贵的科研资源。这些资源可以为他们提供教学实践的参考和启发，帮助他们更好地理解职业教育的现状和需求，从而开展更有针对性的研究。

(五)在信息化工具的使用过程中，数据安全和隐私保护是教师非常关注的问题

在科研工作过程中，教师会收集、处理和存储大量的学生数据、研究数据等敏感信息，确保数据安全可以保护学生的隐私和权益，防止信息泄露可能导致的不良后果。数据是教师科研成果的重要组成部分，保障其安全能确保研究的真实性和可信度。教师担心数据在传输和存储过程中遭遇黑客攻击或意外丢失，这可能会给科研工作带来严重影响。他们希望采取有效的安全措施(如加密技术、访问控制等)，来保护数据不被非法获取或篡改。同时，也期望相关部门能制定完善的法律法规，规范数据的使用和管理，让教师在进行科研工作时没有后顾之忧。他们需要确保科研过程中所涉及的数据和信息得到妥善的保护，避免泄露和滥用。

(六)职业教育教师希望能有持续的技术支持和培训

信息化工具不断更新迭代，教师需要及时了解和掌握新的工具和功能，以更好地应用于科研工作中。专业的技术支持团队和培训资源可以帮助他们解决在工具使用过程中遇到的问题，提升他们的信息化素养和科研能力。

(七)教师个性化定制的需求逐渐显现

不同的教师在科研方法和需求上可能存在差异，他们希望能够根据自己的特点和需求个性化定制信息化工具，以更好地满足其科研工作的需要。

职业教育教师对信息化科研工具与资源的需求是多方面的、迫切的。提供满足他们需求的工具和资源，不仅有助于提高教师的科研效率和质量，也能推动职业教育科研的发展，为培养适应时代需求的高素质技能人才提供有力支持。学校和相关机构应该重视教师的这些需求，加大投入，不断完善和优化信息化科研环境，为教师创造更好的科研条件。

二、教师面临的信息化科研挑战

在当今信息化时代，职业教育教师在开展科研工作时面临着诸多挑战，这些挑战与信息化的发展密切相关。

(一)技术更新与适应的挑战

信息化技术不断发展和更新,职业教育教师需要不断学习和适应新的技术工具和方法。这需要他们投入大量的时间和精力,去了解和掌握新的软件、平台和应用。然而,教师的日常工作任务繁重,很难有足够的时间和精力来及时跟进技术的更新,这就导致他们在科研中可能会因为技术不熟练而遇到困难。

(二)数据管理与分析的挑战

在信息化科研中,数据的获取、存储、管理和分析变得至关重要。职业教育教师需要面对海量的数据,如何有效地收集、整理和分析这些数据是一个巨大的挑战。同时,数据的质量、准确性和可靠性也需要得到保证,否则可能会导致科研结论出现偏差。此外,数据的安全和隐私保护也是教师需要面对的重要问题,如何确保数据不被泄露或滥用,也是一个不容忽视的挑战。

(三)信息化工具的复杂性

虽然信息化工具为科研带来了便利,但它们往往具有一定的复杂性。职业教育教师需要花费大量时间去熟悉和掌握这些工具的操作方法和功能,这在一定程度上增加了科研的难度和成本。而且,不同的工具之间可能存在兼容性问题,这也给教师的科研工作带来了不便。

(四)信息过载的挑战

信息化时代,信息的数量呈爆炸式增长,职业教育教师在进行科研时很容易陷入信息过载的困境。面对海量的信息,教师需要花费大量时间去筛选和甄别有用的信息,这不仅降低了科研效率,还可能导致教师在信息的海洋中迷失方向,无法准确把握科研的重点和方向。

(五)缺乏跨学科合作的平台和机制

信息化科研往往需要跨学科的知识和技能,然而,职业教育教师往往缺乏有效的跨学科合作平台和机制。他们很难与其他学科的教师或专家进行有效的沟通和交流,这就限制了他们在跨学科研究方面的发展。同时,不同学科之间的文化差异和思维方式的不同,也给跨学科合作带来了一定的困难。

(六)网络环境和基础设施的限制

一些职业教育院校的网络环境和基础设施可能无法满足信息化科研的需求。网络速度慢、不稳定,计算机设备陈旧等问题,都可能影响教师的科研工作效率和质量。此外,一些偏远地区的职业教育院校可能面临网络覆盖不足的问题,这也给教师的科研带来了不便。

(七)科研评价体系的挑战

目前的科研评价体系可能对信息化科研的重视程度不够,这在一定程度上影响了教师开展信息化科研的积极性。一些传统的科研评价指标可能无法准确反映信息化科研的成果和价值,这就导致教师在进行信息化科研时面临较大的压力和挑战。

(八)信息素养和科研能力的不足

虽然职业教育教师在教学方面可能具有丰富的经验,但他们的信息素养和科研能力可能相对不足。信息化科研需要教师具备较强的信息检索、分析和利用能力,以及创新思维和科研能力。然而,很多教师在这些方面还存在一定的差距,这也是他们面临的重要挑战之一。

职业教育教师在信息化科研中面临着诸多挑战,这些问题需要教师、学校和社会各方共同努力来加以解决。只有解决这些问题,职业教育教师才能更好地利用信息化工具和资源开展科研工作,为职业教育的发展和创新做出更大的贡献。

三、影响教师信息化科研的因素

职业教育教师在进行信息化科研的过程中,面临着诸多因素的影响,这些因素相互交织,共同制约着教师科研工作的开展和成效。

(一)教师自身因素

1. 信息素养水平

部分职业教育教师的信息素养相对不足,对信息技术的掌握和应用不够熟练,在面对信息化科研任务时,难以有效利用相关工具和资源,从而影响科研效率和质量。

2.科研意识与动力

一些教师对信息化科研的重视程度不够,缺乏主动探索和创新的意识,科研动力不足,容易在遇到困难时退缩,影响科研的持续推进。

3.时间与精力分配

教师日常教学任务繁重,能够投入信息化科研中的时间和精力有限,难以兼顾教学与科研的平衡,导致科研进展缓慢。

4.知识结构与能力局限

职业教育教师的专业知识结构可能存在一定局限性,缺乏跨学科知识和综合能力,在进行信息化科研时,难以从多维度进行深入研究和创新。

(二)学校环境因素

1.硬件设施与技术支持

学校的信息化基础设施建设不完善,例如,网络速度慢,计算机设备陈旧等,无法满足教师信息化科研的需求,同时缺乏专业的技术人员提供及时的技术支持。

2.科研氛围与激励机制

学校科研氛围不浓厚,缺乏鼓励教师开展信息化科研的激励机制,例如,科研奖励、职称评定等方面对信息化科研的重视程度不够,难以激发教师的科研积极性。

3.团队协作与交流平台

缺乏有效的团队协作机制和交流平台,教师之间在信息化科研方面的合作与交流较少,难以形成科研合力,也限制了科研成果的共享与推广。

(三)教育政策与资源因素

1.政策导向与支持力度

教育政策对职业教育信息化科研的导向和支持力度不够,缺乏明确的发展目标和规划,导致学校和教师在开展信息化科研时缺乏方向感和动力。

2. 资源分配与共享机制

信息化科研资源的分配不均衡，存在资源浪费或短缺的现象，同时资源共享机制不健全，教师难以获取所需的资源，影响科研进展。

(四)社会环境因素

1. 行业发展需求与动态

职业教育行业的快速发展和变化，对教师的信息化科研提出了更高的要求，但教师可能对行业发展需求和动态了解得不够及时，导致科研成果与实际需求脱节。

2. 社会认可度与评价

社会对职业教育教师信息化科研成果的认可度不高，评价体系不够完善，导致教师的科研成果难以得到充分的认可和应用，影响教师的科研积极性。

影响职业教育教师信息化科研的因素是多方面的，需要教师自身、学校、教育政策制定者以及社会各方共同努力，采取有效措施加以改善和解决，为职业教育教师开展信息化科研创造良好的环境和条件，推动职业教育信息化科研的发展，更好地服务于职业教育的改革与创新。

第二节　职业教育信息化对教师科研思维的影响

信息化拓宽了教师获取科研资料的渠道，使教师能够更便捷地查阅国内外前沿研究成果，丰富研究素材。信息化工具为教师的科研提供了更高效的数据分析和处理方法，提升了科研的科学性和准确性。职业教育信息化促进了教师与同行之间的交流与合作，跨区域、跨机构的合作研究成为可能，拓宽了科研的视野和深度。信息化也促使教师不断更新自身的知识和技能，提升科研能力和创新意识，职业教育信息化为教师科研注入了新的活力，推动着教育科研的发展与进步。

一、信息化促进教师科研思维的转变

在当今数字化时代，职业教育信息化正以前所未有的速度发展，深刻地影响着职业教育的各个方面,其中教师科研思维的转变是一个重要的方面。职业教育信息化为教师的科研工作提供了丰富的资源、创新的方法和广阔的平台,推动着教师科研思维的不断进化和革新。

(一)拓宽科研视野

职业教育信息化使教师能够突破时间和空间的限制,接触到更广泛的科研信息和学术资源。通过网络数据库、学术期刊、在线课程等渠道,教师可以获取到国内外最新的研究成果、前沿动态和先进经验,了解不同领域的研究进展和趋势。这极大地拓展了教师的科研视野,使他们能够站在更宏观的角度去思考问题,发现新的研究切入点和方向。例如,教师可以通过在线学术交流平台与国内外专家学者进行交流互动,了解他们的研究思路和方法,从而获得启发和借鉴。同时,信息化也使教师能够关注到跨学科的研究成果,促进学科之间的交叉融合,激发创新思维。

(二)丰富科研素材

职业教育信息化为教师提供了丰富多样的科研素材来源。一方面,数字化的教学资源库、案例库、实践项目等为教师的科研提供了大量的实证数据和实际案例,使科研更加贴近职业教育的实际需求和实践场景。另一方面,虚拟仿真技术、大数据分析等工具的应用,使教师能够对复杂的教育现象和数据进行深入分析和挖掘,发现潜在的规律和问题。这些丰富的科研素材不仅使教师的研究更具现实意义和应用价值,也为他们的科研提供了更多的可能性和创新空间。

(三)创新科研方法

职业教育信息化带来了一系列创新的科研方法和工具。例如:数据挖掘技术可以帮助教师从海量的教育数据中提取有价值的信息;学习分析技术可以对学生的学习行为和过程进行跟踪和分析,为教师的研究提供新的视角和依据;虚拟技术可以构建逼真的教学场景,便于教师进行实验研究和探索。这些创新的科研方法使教师能够更加科学、精准地开展研究工作,提高研究的效率和质量,同时也激发了教师的探索欲望和创新精神。

(四)促进跨学科合作

职业教育信息化打破了学科之间的壁垒,为教师的跨学科合作提供了便利条件。通过网络平台,教师可以与不同学科领域的专家学者进行合作交流,共同开展科研项目。这种跨学科合作能够整合不同学科的知识和方法,产生新的研究思路和成果,推动职业教育科研的创新发展。同时,信息化也使教师能够与企业、行业等外部机构进行合作,将科研与实践紧密结合起来,更好地服务于职业教育的发展和社会需求。

(五)提升科研效率

职业教育信息化使科研工作变得更加高效便捷。例如:文献管理软件可以帮助教师高效地管理和整理文献资料;在线协作工具可以方便教师与团队成员之间进行沟通协作,提高工作效率;科研项目管理平台可以对科研项目的进度、质量等进行实时监控和管理。这些信息化工具的应用极大地节省了教师的时间和精力,使他们能够更加专注于科研本身,提高科研的产出和质量。

(六)增强科研互动性

职业教育信息化使科研活动不再是孤立的个体行为,而是具有更强的互动性和参与性。教师可以通过网络平台与学生、同行、社会公众等进行交流互动,分享科研成果和经验,接受反馈和建议。这种互动不仅能够提高科研的影响力和社会价值,也有助于教师不断完善自己的科研思路和方法。同时,信息化也使教师能够参与到更广泛的科研共同体中,与其他科研人员共同探讨和解决职业教育中的热点、难点问题,推动职业教育科研的进步。

(七)培养创新思维

职业教育信息化的环境要求教师具备创新思维和能力。在面对不断涌现的新问题和新挑战时,教师需要运用创新的思维方式和方法去寻找解决方案。通过参与信息化科研活动,教师逐渐培养起敏锐的洞察力、大胆的想象力和勇于创新的精神,使自己能够在科研中不断突破传统思维的束缚,提出新的观点和理论。信息化也促使教师不断学习和掌握新的知识和技能,保持对新技术、新理念的敏感度,从而更好地适应职业教育信息化的发展要求。

职业教育信息化为教师的科研思维带来了深刻的变革,它使教师的科研视野更加开阔,科研素材更加丰富,科研方法更加创新,跨学科合作更加紧密,科研效率更加高效,科研互动性更强,创新思维得到培养和锻炼。在职业教育信息化的背景下,教师应积极主动地适应这些变化,不断提升自己的科研能力和水平,为推动职业教育的发展和进步做出更大的贡献。然而,我们也要清醒地认识到,职业教育信息化在带来机遇的同时,也带来了一些挑战,如信息过载、技术运用不当等问题。因此,教师在利用职业教育信息化促进科研思维转变的过程中,要注重提高自身的信息素养和科研素养,合理运用信息技术,使职业教育信息化真正成为推动教师科研发展的强大动力。

二、信息化对教师科研创新能力的影响

在当今时代,职业教育信息化正以不可阻挡之势蓬勃发展,深刻地改变着教育的形态和方式。这一变革也对教师的科研创新能力产生了深远的影响,为教师的科研工作带来了新的机遇与挑战。

(一)拓宽信息渠道,丰富创新素材

职业教育信息化使教师能够更加便捷地获取大量的信息资源。通过互联网、数据库、数字图书馆等渠道,教师可以接触到国内外丰富的研究文献、前沿动态和实践案例,极大地拓宽了他们的学术视野。这些多元化的信息为教师提供了丰富的创新素材,激发他们产生新的研究思路和想法。例如,教师在研究某个职业教育课题时,可以迅速获取到相关领域的最新研究成果,了解不同观点和研究方法,从而发现现有研究的不足之处,找到创新的切入点。同时,信息化也使教师能够关注到不同地区、不同国家的职业教育实践经验,从中汲取灵感,为自己的科研创新提供更多可能。

(二)打破时空限制,促进跨领域合作

职业教育信息化消除了时空的壁垒,为教师的科研创新合作提供了便利条件。借助网络平台和通信工具,教师可以与不同地区、不同机构的专家学者进行交流与合作,组建跨学科、跨领域的科研团队。这种跨领域合作能够整合不同专业的知识和技能,产生新的思想碰撞和协同创新效应。通过与其他领域的专家合作,教师能够将不同学科的理论和方法引入职业教育科研中,突破传统学科界限,开拓创新的研究视角。例如:与信息技术专家合作,探索如何利用新兴技术提升职业教育的教学效果;与企业界人士合作,了解行业发展需求,使科研更具针对性和实用性。这种跨领域合作的加强,大大提升了教师的科研创新能力。

(三)提供创新工具,助力研究方法革新

职业教育信息化带来了一系列先进的技术工具和手段,为教师的科研创新提供了有力的支持。例如:数据挖掘技术可以帮助教师从海量的教育数据中提取有价值的信息,发现潜在的规律和关系;虚拟现实和增强现实技术可以构建逼真的教学实验环境,让教师能够更加直观地观察和分析教育现象;人工智能技术可以辅助教师进行数据分析、文本处理等工作,提高研究效率。这些创新工具不仅使教师能够采用更加科学、高效的研究方法,也为他们开展创新性的实验研究和探索提供了条件。教师可以借助这些工具尝试新的研究设计和方法,突破传统研究模式的局限,推动科研创新的发展。

(四)激发创新思维,培养科研意识

职业教育信息化的环境充满了变化和挑战,要求教师具备创新思维和应变能力。在面对不断涌现的新问题和新需求时,教师需要运用创新的思维方式去寻找解决方案。通过参与信息化的科研活动,教师逐渐培养起敏锐的洞察力、大胆的想象力和勇于创新的精神。职业教育信息化也使教师更加意识到科研的重要性和价值,增强了他们的科研意识。他们会更加积极主动地关注教育领域的热点问题和前沿动态,不断思考如何通过创新来推动职业教育的发展,从而在科研工作中不断追求卓越,实现自我提升。

(五)加速成果传播,提升创新影响力

职业教育信息化为教师科研成果的传播提供了更加便捷高效的途径。通过网络平台、学术论坛、社交媒体等渠道,教师的科研成果可以迅速传播到更广泛的受众中,获得更多的关注和反馈。这不仅提高了科研成果的影响力,也为教师的进一步创新提供了动力和支持。信息化的成果传播方式还促进了教师与同行之间的交流与互动,使他们能够及时了解到其他研究人员的最新成果和观点,进一步激发创新的灵感和动力。同时,广泛的传播也有助于吸引更多的资源和支持,推动科研创新的持续发展。

(六)面临的挑战与应对策略

职业教育信息化在给教师科研创新能力带来诸多好处的同时,也带来了挑

战。一方面,信息过载可能导致教师在海量信息中迷失方向,难以筛选出有价值的创新素材;另一方面,技术的快速更新换代也要求教师不断学习和适应新的工具和方法,否则可能会落后于时代。面对这些挑战,教师需要提高自身的信息素养和科研能力,学会有效地管理和利用信息资源,同时保持学习的热情和毅力,不断提升自己在信息化环境下的科研创新能力。学校和教育机构也应该为教师提供相应的培训和支持,帮助他们更好地应对职业教育信息化带来的挑战。

职业教育信息化对教师科研创新能力的提升具有不可忽视的作用,它为教师提供了丰富的信息资源、创新的工具和方法,促进了跨领域合作,激发了创新思维,加速了成果传播。同时,教师也需要积极应对挑战,不断提升自身能力,以充分利用职业教育信息化带来的机遇,推动职业教育科研创新的持续发展,为职业教育的改革和发展做出更大的贡献。在这个充满机遇与挑战的时代,教师应积极适应职业教育信息化的潮流,不断探索和创新,努力提升自己的科研创新能力,为培养适应时代需求的高素质技能人才贡献自己的力量。

三、信息化对教师科研逻辑思维的影响

在当今数字化时代,职业教育信息化正以前所未有的速度发展,深刻地影响着教育的各个方面,其中包括教师的科研工作。职业教育信息化为教师的科研带来了新的机遇和挑战,对教师的科研逻辑思维产生了多方面的影响。

(一)丰富信息资源,拓展思维广度

职业教育信息化使教师能够接触到海量的信息资源,包括学术文献、研究数据、案例分析等。这些丰富的信息为教师提供了更广阔的知识视野,使他们能够从不同角度去思考问题,拓展思维的广度。通过对大量信息的收集、整理和分析,教师可以发现以往研究中未被关注到的问题和角度,从而提出新的研究假设和方向。例如,在研究某个职业教育课题时,教师可以通过信息化手段获取国内外相关领域的最新研究成果,了解不同学者的观点和研究方法,进而拓宽自己的研究思路,避免思维局限。信息化资源的丰富性也使教师能够更好地了解学科之间的交叉与融合,促进跨学科研究的开展。这有助于教师打破传统学科界限,以更全面的视角去审视和分析问题,培养出更具综合性思维的科研能力。

(二)促进数据驱动,强化逻辑推理

职业教育信息化带来了大量的数据资源,如学生的学习行为数据、教学过程数据等。这些数据为教师的科研提供了有力的支持,使他们能够更加科学地进行逻辑推理和分析。通过对数据的深入挖掘和分析,教师可以发现数据背后隐藏的规律和关系,进而验证或推翻某些假设。数据驱动的研究方法要求教师具备较强的数据分析能力和逻辑推理能力,能够从纷繁复杂的数据中提炼出有价值的信息,并通过合理的推理得出结论。这种以数据为基础的科研方式使教师的思维更加严谨、逻辑更加清晰,有助于提高科研的准确性和可靠性。

(三)加速知识更新,提升应变能力

在职业教育信息化的背景下,知识的更新速度加快,教师需要不断适应新的知识和观念。这就要求教师具备快速学习和应变的能力,能够及时调整自己的思维方式和研究策略。当新的研究成果或理论出现时,教师需要运用逻辑思维去评估其价值和适用性,及时将新的知识融入自己的科研中。同时,面对不断变化的教育环境和需求,教师也需要根据实际情况灵活调整研究方向和方法,以应对各种挑战。这种不断适应变化的过程锻炼了教师的应变能力,使他们的思维更加灵活、敏捷。

(四)推动合作交流,培养辩证思维

职业教育信息化为教师之间的合作交流提供了便利条件,使跨区域、跨机构的科研合作成为可能。通过与不同背景的教师交流和合作,教师能够接触到不同的观点和思维方式,从而培养出辩证思维能力。

在合作过程中,教师需要与他人进行沟通和协商,分析不同观点的优、缺点,进而形成自己的见解。这种思维碰撞有助于教师从不同角度去思考问题,发现问题的多面性,避免片面性和绝对化的思维倾向。同时,合作交流也使教师能够更好地理解和尊重他人的观点,培养出宽容和开放的思维态度。

(五)挑战传统思维,激发创新意识

职业教育信息化的发展往往伴随着新的技术和理念的出现,这些新事物对教师的传统思维方式提出了挑战。教师需要突破传统思维的束缚,以创新的思

维去思考和解决问题。在面对新的研究问题和挑战时,教师需要运用逻辑思维去分析问题的本质,寻找新的解决方案。这种创新思维的培养使教师能够不断提出新的研究设想和方法,推动科研的进步。同时,创新意识的激发也使教师在科研过程中更加敢于尝试和探索,为职业教育的发展带来新的思路和方法。

(六)面临的问题与应对策略

职业教育信息化在给教师科研逻辑思维带来积极影响的同时,也带来了一些挑战。一方面,信息的碎片化和过载可能导致教师在处理信息时出现混乱和逻辑不清晰的情况;另一方面,技术的快速更新换代也要求教师不断学习和适应,否则可能会在运用新技术和方法时遇到困难。面对这些挑战,教师需要提高自身的信息管理能力,学会筛选和整理有用的信息,避免被过多的无用信息干扰。同时,教师要保持学习的热情和毅力,不断提升自己在信息化环境下的逻辑思维能力和技术应用能力。学校和教育机构也应该为教师提供相应的培训和支持,帮助他们更好地应对职业教育信息化带来的挑战。

总之,职业教育信息化对教师科研逻辑思维的影响是深远而广泛的。它为教师提供了丰富的信息资源、数据支持和合作交流的机会,推动教师不断拓展思维广度、强化逻辑推理、提升应变能力、培养辩证思维和激发创新意识。同时,教师也需要积极应对挑战,不断提升自身能力,以更好地适应职业教育信息化的发展要求,为职业教育的科研创新做出更大的贡献。在这个充满机遇与挑战的时代,教师应充分利用职业教育信息化带来的优势,不断提升自己的科研逻辑思维能力,为推动职业教育的高质量发展而努力奋斗。

第三节　职业教育信息化对教师科研方法的影响

职业教育信息化拓宽了教师获取科研资料的渠道,使教师能够更便捷地获取国内外最新的研究成果和数据,丰富了研究的素材。信息化技术也促进了教师研究方法的多元化,例如,利用数据分析软件进行数据处理和挖掘,采用在线调查工具收集数据等。同时,职业教育信息化推动了教师与同行之间更广泛地交流与合作,通过网络平台分享经验和方法,相互启发。此外,它还促使教师不断提升自身的信息技术能力,以更好地运用信息化工具开展科研活动。这些影响使教师的科研工作更具科学性、创新性和高效性，有助于提高教师的科研水平和质量，进而推动职业教育的发展与进步。

一、信息化工具与方法在教师科研中的应用

在当今数字化时代，信息化工具与方法在教师科研中扮演着越来越重要的角色。它们为教师的科研工作带来了诸多便利，极大地拓展了科研的深度。以下将详细探讨信息化工具与方法在教师科研中的具体应用。

(一)文献检索与管理

信息化工具极大地改善了教师获取文献资源的方式。学术搜索引擎、数据库以及数字图书馆等平台使教师能够快速准确地找到相关领域的研究文献。通过这些工具，教师可以轻松筛选出高质量的文献，并进行详细的阅读和分析。同时，文献管理软件的应用也使文献的整理和管理变得更加高效。这些软件可以帮助教师对文献进行分类、标注和引用，方便后续的查阅和引用，避免了文献混乱和遗漏的问题。

(二)数据收集与分析

在科研中，数据的收集和分析是至关重要的环节。信息化工具为教师提供了多种数据收集的途径，如在线问卷、网络调查等。这些工具不仅能够快速收集大量的数据，还能够提高数据收集的效率和准确性。在数据分析方面，统计软件和数据挖掘工具的应用使复杂的数据处理变得更加容易。教师可以利用这些工具进行数据的描述性统计、相关性分析、回归分析等，深入挖掘数据背后的信息和规律，为科研结论提供有力的支持。

(三)实验与模拟

对于一些需要实验研究的领域，信息化工具也提供了新的可能性。虚拟实验室、仿真软件等工具可以帮助教师进行实验的设计和模拟，减少实际实验的成本和风险。通过这些工具，教师可以在虚拟环境中进行各种实验操作，观察实验结果，并与实际实验进行对比和验证。

(四)交流与协作

信息化工具为教师之间的交流与协作提供了便捷的平台。电子邮件、即时

通信工具、在线协作平台等使教师能够随时随地与同行进行沟通和交流。在科研团队中,这些工具可以促进成员之间的协作,提高团队的工作效率。通过在线协作平台,教师可以共同撰写论文、分享研究成果、讨论问题等,实现资源的共享和优势互补。此外,网络会议工具使教师能够跨越时空进行学术交流和研讨,拓宽了科研交流的范围。

(五)可视化呈现

信息化工具使科研成果的可视化呈现变得更加丰富和生动。数据可视化软件、图表制作工具等可以将复杂的数据和研究结果以直观的形式呈现出来,帮助读者更好地理解和接受科研成果。通过可视化的呈现方式,教师可以更清晰地展示研究的过程和结论,增强科研成果的说服力和影响力。同时,可视化的呈现也有助于教师发现数据中的潜在模式和关系,进一步深化对研究问题的认识。

(六)知识管理与创新

信息化工具在教师科研中的应用还体现在知识管理和创新方面。通过对科研过程中产生的各种信息进行有效的管理和整合,教师可以更好地积累知识和经验,为后续的科研工作提供参考和借鉴。信息化工具也激发了教师的创新思维。在利用这些工具进行科研的过程中,教师会不断接触到新的技术和方法,从而启发他们产生新的研究思路和方法,推动科研的创新和发展。

(七)面临的挑战与应对策略

尽管信息化工具与方法为教师科研带来了诸多便利,但也面临一些挑战。例如,存在信息安全问题,技术更新换代较快等。教师需要不断学习和适应新的工具和方法,提高自身的信息技术能力,以更好地应对这些挑战。学校和教育机构也应该为教师提供相应的培训和支持,帮助他们掌握信息化工具与方法的应用,营造良好的科研信息化环境。

总之,信息化工具与方法在教师科研中具有不可替代的作用。它们不仅提高了科研的效率和质量,还为教师的科研工作带来了更多的可能性。教师应积极适应信息化时代的要求,充分利用这些工具与方法,推动自身科研水平的不断提升,为教育事业的发展做出更大的贡献。在未来,随着信息技术的不断发展和创新,信息化工具与方法在教师科研中的应用将更加广泛和深入。教师需要保持学习的热情和探索精神,不断挖掘信息化工具与方法的潜力,以更好地应对日益复杂的科研挑战,为教育科研事业的发展开辟更加广阔的前景。

二、信息化对教师文献检索与分析的影响

在当今职业教育领域,信息化的快速发展正深刻地影响着教师的文献检索与分析工作。这一变革不仅为教师带来了诸多便利,也促使他们不断提升自身能力,以更好地适应新时代的要求。以下将详细探讨职业教育信息化对教师文献检索与分析的具体影响。

(一)丰富的信息资源与便捷地获取途径

职业教育信息化使得教师能够接触到海量的文献资源。各类学术数据库、数字图书馆以及在线期刊等为教师提供了广泛的选择,涵盖了国内外丰富的研究成果。与传统的图书馆检索相比,信息化环境下的文献获取更加便捷,教师可以通过网络随时随地进行搜索,大大节省了时间和精力。信息化还打破了地域限制,使教师能够获取到来自不同地区、不同机构的研究资料,拓宽了研究视野,有助于更全面地了解相关领域的研究动态和前沿信息。

(二)高效的检索工具与精准的搜索策略

信息化技术为教师提供了多种先进的检索工具,如专业的学术搜索引擎、数据库高级搜索功能等。这些工具能够帮助教师更快速、准确地定位所需文献,提高检索效率。通过灵活运用各种检索技巧和关键词组合,教师可以更精准地筛选出与研究主题相关的文献,避免了信息冗余和无关内容的干扰。一些智能检索系统还能够根据教师的历史搜索记录和兴趣偏好,为其推荐相关文献,进一步提高了文献检索的针对性和准确性。

(三)多维度的文献分析与可视化呈现

在文献分析方面,职业教育信息化也带来了新的方法和手段。教师可以利用数据分析软件对大量文献进行多维度的分析,如文献计量分析、内容分析等。通过这些分析,教师能够了解研究领域的热点问题、发展趋势以及研究的重点和空白,为自己的研究提供有力的参考。信息化工具还能够将文献分析的结果

以可视化的方式呈现出来,如柱状图、饼图、思维导图等。这种可视化的呈现方式有助于教师更直观地理解和把握文献的关键信息,发现其中的内在联系和规律,提高分析的效率和质量。

(四)促进跨学科研究与合作交流

职业教育信息化使得不同学科领域的文献资源更容易相互融合,为教师开展跨学科研究提供了便利。通过检索和分析相关学科的文献,教师可以借鉴其他领域的研究方法和成果,拓展研究思路,创新研究方法。信息化平台也为教师之间的交流与合作提供了渠道。教师可以通过在线论坛、学术社区等与同行分享文献资源、交流研究心得,促进知识的共享和碰撞,激发更多的研究灵感和合作机会。

(五)面临的挑战与应对策略

尽管职业教育信息化为文献检索与分析带来了诸多优势,但也存在一些挑战需要教师面对。例如,信息过载问题,面对海量的文献信息,教师需要具备筛选和鉴别能力,避免被过多无关信息干扰;数据安全和隐私问题,教师在使用网络资源时需要注意保护自己和他人的信息安全。为应对这些挑战,教师需要不断提升自身的信息素养和文献分析能力。加强对信息化工具的学习和应用,掌握科学的检索策略和分析方法;培养批判性思维和信息鉴别能力,在面对大量信息时能够保持理性和敏锐的判断力;同时,也要注重信息安全意识的培养,遵守相关法律法规和道德规范。

(六)对教师专业发展的意义

职业教育信息化对教师的文献检索与分析能力提出了更高的要求,也为其专业发展带来了新的机遇。通过不断提升这方面的能力,教师能够更好地把握学科前沿动态,深入开展研究工作,提高自身的学术水平和教学质量。这也有助于教师树立终身学习的理念,在信息化时代不断更新知识和学习技能,适应职业教育发展的新要求。此外,具备较强文献检索与分析能力的教师还能够更好地指导学生进行科研活动,培养学生的信息素养和研究能力。

(七)未来发展趋势与展望

随着信息技术的不断进步,职业教育信息化在文献检索与分析方面的应用将更加广泛和深入。人工智能、大数据等新技术的应用将进一步提升文献检索的效率和精准度,为教师提供更加个性化的服务;虚拟现实、增强现实等技术也可能在文献分析中得到应用,为教师带来更加沉浸式的体验。随着教育信息化的推进,学校和教育机构也将更加重视教师信息素养的培养和提升,为教师提供更多的培训和支持资源,营造良好的信息化环境。

总之,职业教育信息化对教师文献检索与分析产生了深远的影响。教师应积极适应这一变化,充分利用信息化工具和资源,不断提升自身能力,以更好地开展教学和科研工作,为职业教育的发展贡献力量。在未来,我们可以期待职业教育信息化在文献检索与分析领域继续发挥重要作用,推动教师专业成长和职业教育质量的提升。

三、信息化对教师实验设计与数据收集的影响

在当今数字化时代,职业教育信息化正以前所未有的速度发展,对教师的实验设计与数据收集工作产生了深远的影响。这种影响不仅体现在技术层面上的革新,还深入教育理念和教学方法的转变。以下详细探讨职业教育信息化对教师实验设计与数据收集的具体影响。

(一)丰富实验设计资源与灵感来源

职业教育信息化为教师提供了海量的实验设计资源和灵感来源。通过网络平台,教师可以轻松获取到国内外优秀的实验案例、教学设计以及相关研究成果。这些丰富的资源拓宽了教师的视野,使他们能够借鉴和参考不同的实验设计思路,从而激发更多创新的想法。信息化还使教师能够接触到不同领域的前沿知识和技术,为实验设计提供了更多元化的元素。例如:利用虚拟现实技术可以设计出更具沉浸感的实验场景,让学生获得更真实的体验;借助人工智能技术可以实现对实验过程的智能化监测和数据分析。

(二)便捷的数据收集工具与手段

信息化技术为教师提供了多种便捷的数据收集工具和手段。传统的数据收集方式往往费时费力且容易出现误差,而信息化工具则大大提高了数据收集的效率和准确性。例如:教师可以利用在线问卷调查工具快速收集学生的反馈和数据;利用传感器和监测设备实时采集实验过程中的各种数据;通过移动应

用程序让学生随时随地记录实验数据等。这些工具不仅使数据收集更加高效，还能够实时同步和存储数据，方便教师进行后续的分析和处理。

(三)促进实验设计的个性化与定制化

职业教育信息化使教师能够根据学生的特点和需求，个性化地设计实验。通过对学生学习数据的分析，教师可以了解学生的学习情况和兴趣偏好，从而针对性地调整实验内容和设计方案。这种个性化的实验设计能够更好地满足学生的学习需求，提高实验的效果和参与度。信息化还允许教师灵活定制实验的流程和环节，根据教学目标和实际情况进行动态调整。这使得实验设计更具灵活性和适应性，能够更好地应对不同的教学场景和学生需求。

(四)增强数据收集的全面性与实时性

职业教育信息化使数据收集变得更加全面和实时。通过各种传感器和监测设备，教师可以收集到学生在实验过程中的各种行为数据、生理数据以及学习表现数据等。这些全面的数据能够为教师提供更深入地了解学生的机会，帮助他们发现学生在实验中存在的问题和潜力。实时的数据收集也使教师能够及时掌握实验的进展情况，根据数据反馈及时调整实验策略和教学方法。这有助于提高实验的效率和质量，确保实验目标的实现。

(五)提升数据分析与处理能力

随着数据收集的增多，教师需要具备更强的数据分析与处理能力。职业教育信息化为教师提供了各种数据分析工具和软件，帮助他们对收集到的数据进行深入分析和挖掘。通过数据分析，教师可以发现数据背后的规律和关系，从而得出有价值的结论和见解。这不仅有助于教师更好地理解实验结果，还能够为后续的教学改进提供依据。同时，数据分析也培养了教师的科学思维和研究能力，使他们能够更深入地探索教育教学问题。

(六)促进跨学科实验与合作交流

职业教育信息化打破了学科界限，使教师能够开展跨学科的实验设计和数据收集。通过与其他学科教师的合作交流，教师可以整合不同学科的知识和技术，设计出更具创新性和综合性的实验方案。信息化平台也为教师之间的交流与合作提供了便利。教师可以通过在线论坛、学术社区等分享实验设计和数据收集的经验，相互学习和借鉴，共同提高实验教学的水平。

(七)面临的挑战与应对策略

尽管职业教育信息化为实验设计与数据收集带来了诸多优势，但也存在需要教师去面对的一些挑战。例如：数据安全和隐私问题，教师在收集和处理学生数据时需要确保数据的安全性和合法性；技术设备的可靠性和稳定性问题，教师需要提前做好设备的维护和测试工作，避免在实验过程中出现故障。为应对这些挑战，教师需要不断提升自身的信息素养和技术能力。加强对信息化工具的学习和应用，掌握科学的数据分析方法；同时，也要注重数据安全和隐私保护意识的培养，遵守相关法律法规和道德规范。

(八)对教师专业发展的意义

职业教育信息化对教师的实验设计与数据收集能力提出了更高的要求，也为其专业发展带来了新的机遇。通过不断提升这方面的能力，教师能够更好地开展实验教学工作，提高学生的实践能力和创新思维。这也有助于教师树立科学研究的意识，积极参与教育教学研究活动，推动职业教育的改革和发展。此外，具备较强实验设计与数据收集能力的教师还能够更好地指导学生进行科研活动和实践项目，培养学生的科学素养和综合能力。

(九)未来发展趋势与展望

随着信息技术的不断进步，职业教育信息化在实验设计与数据收集方面的应用将更加广泛和深入。人工智能、大数据等新技术的应用将进一步提升数据收集的智能化水平和数据分析的精准度；物联网、区块链等技术也可能在实验设计与数据收集过程中得到应用，为教师提供更加安全、可靠的数据管理和共享机制。随着教育信息化的推进，学校和教育机构也将更加重视教师信息素养和实验教学能力的培养，为教师提供更多的培训和支持资源，营造良好的信息化实验教学环境。

总之，职业教育信息化对教师实验设计与数据收集产生了深远的影响。教师应积极适应这一变化，充分利用信息化工具和资源，不断提升自身能力，以更好地开展实验教学工作，为培养高素质技能人才贡献力量。在未来，我们可以期待职业教育信息化在实验设计与数据收集领域继续发挥重要作用,推动职业教育教学质量的提升和创新发展。

第四节　职业教育信息化对教师科研合作的影响

职业教育信息化打破了时空限制,使教师能够更便捷地与同行交流合作,拓展了合作的范围。信息化手段让信息传递更加迅速,提高了合作效率,能及时分享研究成果和进展。丰富的网络资源为科研合作提供了更广泛的素材和数据,有助于深入研究。在线协作工具促进了团队成员之间的互动,使合作更加紧密。信息化还激发了教师的创新思维,不同观点在数字平台上碰撞,催生新的研究思路和方法。同时职业教育信息化也面临一些挑战,如信息安全问题、技术运用熟练度等。总体而言,职业教育信息化为教师科研合作带来了积极且深远的影响,推动了科研工作的发展。

一、信息化促进教师科研团队的组建与协作

在当今时代,职业教育信息化的快速发展为教师科研工作带来了新的机遇和挑战。其中,它对教师科研团队的组建与协作产生了深远的影响,极大地推动了教师科研工作的开展。职业教育信息化为教师提供了更广阔的交流平台。通过网络,教师可以跨越地域限制,与来自不同院校、不同专业领域的同行建立联系。这些联系为科研团队的组建提供了丰富的潜在成员资源。教师可以根据自己的科研需求和兴趣,选择合适的合作伙伴,组建具有多元化背景和专业知识的科研团队。这种多元化的团队结构能够为科研工作带来更多的创意和创新思路,提高科研成果的质量和影响力。

(一)信息化技术极大地便利了教师之间的沟通与协作

各种即时通信工具、在线会议平台等让教师能够随时随地进行交流,及时分享研究进展、讨论问题、交换意见。相比传统的沟通方式,信息化的沟通更加高效、便捷,能够大大缩短信息传递的时间,提高团队的协作效率。而且,通过这些信息化工具,教师还可以实时协作编辑文档、处理数据、撰写论文等,实现了远程的协同工作,打破了以往协作中时间和空间的限制。

(二)职业教育信息化为教师科研团队的协作提供了丰富的资源支持

在线数据库、学术文献库等为团队提供了海量的研究资料,使团队成员能够更加快速地获取所需信息,减少了研究的时间成本。此外,一些信息化平台还提供了项目管理、任务分配等功能,帮助团队更好地组织和管理科研工作,提高团队的工作效率。在职业教育信息化的背景下,教师科研团队的组建和协作模式也发生了变化。以往,科研团队的组建往往依赖于人际关系和学术圈子,而现在,信息化技术让更多的教师有机会参与到科研团队中来。一些基于网络的科研团队组建平台也应运而生,这些平台通过算法匹配等方式,帮助教师找到合适的科研团队成员,进一步提高了团队组建的效率和科学性。

(三)职业教育信息化促进了教师科研团队的跨学科协作

在当今知识快速更新的时代,单一学科的研究往往难以满足复杂问题的研究需求。信息化技术让不同学科领域的教师能够更加容易地相互交流和合作,打破学科界限,实现知识的融合和创新。跨学科的科研团队能够从不同的角度分析问题,提出更加全面、深入的研究方案,为解决实际问题提供更多的思路和方法。

(四)职业教育信息化对教师科研团队的管理提出了新的要求

在信息化环境下,团队成员之间的沟通更加频繁,信息更加透明,这就要求团队管理者具备良好的沟通协调能力和信息管理能力,能够合理安排团队的工作任务,协调团队成员之间的关系,营造良好的团队氛围。同时,团队管理者还需要引导团队成员正确使用信息化工具,避免过度依赖技术而忽视了人与人之间的交流和互动。

(五)职业教育信息化在促进教师科研团队组建与协作过程中面临的挑战

例如,信息安全问题就是一个不容忽视的问题。在信息化环境下,团队成员之间需要共享大量的研究数据和信息,如何保证这些信息的安全是一个重要的问题。此外,信息化技术的快速更新也要求教师不断学习和适应新的技术和工具,这对一些教师来说可能是一个较大的挑战。

总的来说,职业教育信息化为教师科研团队的组建与协作提供了前所未有的机遇。它让教师能够更加便捷地组建团队、开展协作,提高科研工作的效率和质量。我们也需要正视信息化过程中面临的挑战,积极采取措施加以应对,让职业教育信息化更好地服务于教师科研团队的建设与发展。相信在未来,随着职业教育信息化的不断深入发展,它将继续为教师科研团队的组建与协作带来更多的积极影响,推动职业教育科研工作不断向前发展。

二、信息化对教师跨学科合作的影响

在当今时代,职业教育信息化的迅猛发展正深刻地影响着教育领域的各个方面,其中教师跨学科合作也受到了显著的影响。这种影响不仅体现在合作的方式、效率和深度上,还对教师的专业发展以及职业教育的质量提升产生了深远的意义。

(一)职业教育信息化为教师跨学科合作提供了更为便捷的沟通渠道

以往,不同学科的教师之间可能由于交流的不便而较少进行合作。但现在,借助各种信息化工具,如即时通信软件、在线会议平台等,教师可以随时随地进行交流,打破了时间和空间的限制。无论是讨论研究问题、分享研究进展还是协调合作事宜,都变得更加高效和迅速。这种实时的沟通交流极大地提升了教师跨学科合作的意愿和积极性,使他们能够更紧密地协作,共同攻克难题。

(二)信息化丰富了教师跨学科合作的资源

通过网络,教师可以轻松获取到各个学科领域的研究资料、文献和数据,这为跨学科合作提供了坚实的基础。不同学科的知识相互碰撞、融合,能够激发教师们的创新思维,产生更多新颖的研究视角和方法。此外,信息化还为教师提供了更多与外部专家、学者交流合作的机会,拓宽了合作的范围和视野,使跨学科合作更加具有深度和广度。

(三)职业教育信息化推动了教师跨学科合作的组织形式创新

传统的跨学科合作往往受到组织结构和管理模式的限制,而信息化技术的应用使得合作的组织形式更加灵活多样。例如,一些在线平台可以将不同学科的教师聚集在一起,形成虚拟的研究团队,共同开展项目研究。这种虚拟团队的组建打破了传统的学科壁垒,让教师能够更加自由地选择合作伙伴,根据项目需求进行灵活组合,提高了合作的效率和针对性。

(四)职业教育信息化促进了教师跨学科合作的知识共享与整合

在跨学科合作中,不同学科的教师拥有各自独特的知识和技能,通过信息化手段,这些知识和技能能够得到更好的传播和共享。教师可以将自己的专业知识以数字化的形式呈现出来,便于其他学科的教师理解和吸收,从而实现知识的整合与创新。这种知识的共享与整合不仅有利于提高教师的专业素养,也为职业教育的课程改革和教学创新提供了有力的支持。

(五)职业教育信息化在促进教师跨学科合作过程中面临的挑战

一方面,信息安全问题是一个不容忽视的因素。跨学科合作,涉及大量的敏感信息和研究成果,如何保证这些信息的安全是至关重要的。另一方面,教师的信息化素养参差不齐也是影响跨学科合作的一个重要因素。一些教师可能对信息化技术的掌握程度不够,无法充分利用这些工具进行有效的合作,这就需要加强对教师的信息化培训,提高他们的信息化应用能力。

总的来说,职业教育信息化对教师跨学科合作产生了积极而深远的影响。它为教师跨学科合作提供了更多的机会和便利,推动了合作的深入开展,促进了教师的专业发展和职业教育质量的提升。但同时也需要我们正视其中存在的挑战,采取积极有效的措施加以应对,使职业教育信息化更好地服务于教师跨学科合作,为职业教育的发展注入新的活力和动力。在未来,随着信息化技术的不断发展和完善,相信职业教育信息化对教师跨学科合作的影响将会更加显著,我们期待着这一领域取得更加丰硕的成果。

三、信息化对教师国际合作的影响

在当今全球化的时代背景下,职业教育的国际化发展趋势日益明显,而职业教育信息化的快速推进,为教师的国际合作带来了深刻的影响。这种影响体现在多个方面,不仅促进了教师国际交流与合作的广度和深度,也推动了职业教育的国际化进程。

(一)职业教育信息化打破了地域限制,使教师能够更加便捷地与国际同行建立联系

通过网络平台,教师可以找到来自不同国家和地区的合作伙伴,拓展国际

合作的机会。这种跨越时空的交流方式,大大降低了国际合作的成本和难度,让更多的教师有机会参与到国际合作项目中。信息化的手段还让教师能够实时了解国际教育领域的最新动态和研究成果,保持与国际前沿的同步,为国际合作提供了丰富的信息资源和研究基础。

(二)职业教育信息化为教师的国际合作提供了多样化的交流渠道

除了传统的邮件、电话等方式,视频会议、在线研讨等工具让教师能够进行更加高效、实时的交流。在这些交流过程中,语言不再是障碍,教师可以通过翻译软件等工具克服语言方面的困难,更加顺畅地进行沟通。这种实时互动的交流方式,增进了教师之间的相互了解和信任,为国际合作的深入开展奠定了良好的基础。

(三)职业教育信息化丰富了教师国际合作的内容和形式

以往,教师的国际合作可能主要集中在学术研究方面,而现在,信息化技术让合作的领域更加广泛。教师可以共同开发在线课程、开展教学资源共享等,不仅促进了教育资源的国际流动,也提升了职业教育的质量和影响力。信息化还推动了教师国际合作模式的创新。例如,通过虚拟实验室等方式,教师可以跨越国界共同进行实验教学和研究,突破了传统合作模式的局限。

(四)职业教育信息化对教师的国际合作能力提出了更高的要求

在信息化环境下,教师需要具备良好的信息素养和沟通能力,能够熟练运用各种信息化工具进行交流和合作。同时,教师还需要具备跨文化交流的能力,理解和尊重不同文化背景下的差异,避免因文化冲突而影响合作的效果。这就要求教师不断学习和提升自己的能力,以更好地适应国际合作的需要。

(五)职业教育信息化在促进教师国际合作的过程中面临的挑战

首先,网络安全问题是一个不容忽视的因素。在国际合作中,涉及大量的敏感信息和数据,如何保证这些信息的安全是至关重要的。其次,不同国家和地区的信息化发展水平存在差异,这可能会影响国际合作的效率和效果。此外,文化差异、法律法规等方面的问题也可能会对国际合作产生一定的影响。

总的来说,职业教育信息化为教师的国际合作带来了前所未有的机遇。它让教师能够更加便捷地与国际同行建立联系,拓展合作的领域和形式,提升合作的效率和效果。同时,我们也需要正视信息化过程中面临的挑战,采取积极有效的措施加以应对,让职业教育信息化更好地服务于教师的国际合作,推动职业教育的国际化进程不断向前发展。在未来,随着信息化技术的不断进步和完善,相信职业教育信息化对教师国际合作的影响将会更加显著,我们期待着在国际教育舞台上看到更多中国职业教育教师的身影,为世界职业教育的发展贡献中国智慧和中国力量。

第五节　职业教育信息化对教师科研成果的影响

职业教育信息化拓宽了教师获取科研资料的渠道,使教师能更快速、全面地获取国内外最新的研究信息,丰富了研究素材。信息化工具促进了教师与同行之间的交流与合作,跨校、跨区域的合作更为便捷,有助于激发科研灵感,提升科研质量。同时,信息化平台为教师成果的展示与传播提供了更广阔的空间,能让科研成果更广泛地被关注和应用。职业教育信息化也存在一些挑战,如信息过载、网络安全等问题。但总体而言,职业教育信息化为教师科研成果的产出与推广提供了强大助力,推动了教师科研工作的发展,使职业教育的科研水平不断提升。

一、信息化对教师科研成果产出的影响

在当今数字化时代,职业教育信息化已成为教育领域的重要发展趋势,它对教师科研成果的产出产生了深远的影响。

(一)职业教育信息化为教师提供了丰富的科研资源

通过网络,教师可以轻松获取大量的学术文献、研究数据以及相关案例,这为科研工作提供了坚实的基础。与传统的图书馆查阅方式相比,信息化手段大大缩短了获取资料的时间,提高了效率,使教师能够更快速地了解研究领域的最新动态,从而找到新的研究切入点和创新点。

(二)信息化促进了教师之间的科研交流与合作

在线学术平台、科研论坛等工具使教师能够突破地域限制,与国内外的同

行进行实时交流和互动。这种交流不仅有助于拓宽科研视野,分享研究经验,还能够激发教师的科研灵感,促进科研团队的形成和发展。通过与不同背景的教师合作,教师可以整合各自的优势资源,共同攻克科研难题,提高科研成果的质量和影响力。

(三)职业教育信息化为教师的科研成果展示和传播提供了更广阔的舞台

数字化的科研成果呈现方式,如多媒体展示、在线期刊等,能够让科研成果更加生动形象地呈现给受众,提高其传播效果和影响力。此外,网络平台还便于科研成果的快速传播,使更多的人能够了解和关注教师的科研工作,为科研成果的进一步推广和应用创造了条件。

(四)职业教育信息化推动了教师科研方法的创新

各种数据分析软件、模拟实验工具等的应用,使教师能够采用更加先进科学的方法进行研究,提高了科研的准确性和可靠性。同时,信息化技术也为教师开展跨学科研究提供了便利,促进了不同学科之间的融合与交叉,为科研成果的产出带来了新的思路和方法。

(五)职业教育信息化在给教师科研成果产出带来积极影响的同时,也带来了挑战

一方面,信息的海量和繁杂使得教师在筛选有用信息时面临困难,容易陷入信息过载的困境。另一方面,网络环境的复杂性也带来了一定的安全风险,教师的科研成果可能面临被抄袭或泄露的风险。此外,部分教师对信息化技术的掌握程度不足,也在一定程度上限制了他们利用信息化手段开展科研。为积极应对挑战,学校和相关部门需要加强对教师的信息化培训,提高他们的信息素养和科研能力。同时,要建立健全科研信息管理机制,保障教师科研成果的安全和权益。教师自身也要不断学习和提升自我,积极适应信息化环境下的科研工作要求。

总的来说,职业教育信息化对教师科研成果产出具有重要的促进作用。它为教师提供了丰富的资源、便捷的交流渠道和广阔的展示平台,推动了科研工作的创新和发展。但同时也需要正视其中存在的挑战,通过各方的共同努力,充分发挥职业教育信息化的优势,促进教师科研成果的不断产出,为职业教育

的发展和进步做出更大的贡献。在未来,随着信息化技术的不断发展和完善,相信其对教师科研成果产出的影响将会更加显著,职业教育的科研水平也将得到进一步提升。

二、信息化对教师科研成果质量的影响

在当今时代,职业教育信息化已成为不可阻挡的趋势,它对教师科研成果质量产生了多方面的深远影响。

(一)职业教育信息化极大地丰富了教师的科研资源

通过互联网,教师可以便捷地获取海量的学术文献、研究数据以及国内外最新的研究动态。这使他们能够拥有更广阔的学术视野,深入了解相关领域的前沿知识,从而为自己的科研工作提供坚实的理论基础和丰富的素材。与传统的科研资料获取方式相比,信息化手段让教师能够更快速、全面地掌握研究所需的信息,避免了因资源匮乏而导致的研究局限,有助于拓展科研的深度和广度。

(二)信息化技术为教师提供了多样化的科研工具和方法

数据挖掘、文本分析等工具的应用,使教师能够更高效地处理和分析大量的数据,发现潜在的规律和关系,从而得出更有价值的研究结论。此外,虚拟实验室、仿真软件等的使用,让教师可以在更接近真实的环境中进行实验和研究,提高了科研的准确性和可靠性。这些先进的科研工具和方法,为教师科研成果质量的提升提供了有力的保障。

(三)职业教育信息化促进了教师科研的协同创新

在线协作平台让教师之间的交流与合作变得更加便捷和高效,打破了地域和时间的限制。教师可以与不同学校、不同地区甚至不同国家的同行进行实时互动,分享彼此的研究思路和经验,共同攻克科研难题。这种协同合作能够汇集多方面的智慧和力量,激发创新思维,产生更多的科研创意和成果。通过与他人的合作,教师还可以学习到不同的科研方法和技巧,进一步提升自己的科研能力,从而提高科研成果的质量。

(四)职业教育信息化拓展了教师科研成果的展示和传播渠道

数字化的科研成果呈现方式,如多媒体演示文稿、在线视频等,让科研成果

更加生动直观地呈现给受众,提高了其吸引力和影响力。网络平台的广泛传播性,让教师的科研成果能够迅速被更多人了解和关注,增加了成果被引用和应用的机会。这不仅有助于提升教师的学术声誉,也为科研成果的进一步发展和应用创造了条件,推动教师不断产出高质量的科研成果。

(五)职业教育信息化在给教师科研成果质量带来积极影响的同时,也带来了挑战

一方面,信息的快速更新和海量数据可能导致教师在科研过程中迷失方向,难以筛选出真正有价值的信息。另一方面,网络环境的复杂性也带来了一定的安全风险,教师的科研成果可能面临被抄袭或泄露的风险。此外,部分教师对信息化技术的掌握程度还不够熟练,在运用这些技术进行科研时可能会遇到困难,影响科研效率和成果质量。为了应对这些挑战,学校和相关部门需要加强对教师的信息化培训,提高他们的信息素养和科研能力。同时,要建立健全科研信息管理机制,保障教师科研成果的安全和权益。教师自身也要不断学习和提升自我,积极适应信息化环境下的科研工作要求。在利用信息化手段进行科研的过程中,要保持严谨的科学态度和批判思维,善于甄别和筛选信息,避免被虚假信息误导。只有这样,才能真正发挥职业教育信息化对教师科研成果质量的促进作用。

总的来说,职业教育信息化对教师科研成果质量的提升具有重要意义。它为教师提供了丰富的资源、便捷的交流渠道和广阔的展示舞台,推动了科研工作的创新和发展。但同时也需要正视其中存在的挑战,通过各方的共同努力,充分发挥信息化的优势,克服困难,让职业教育信息化更好地服务于教师的科研工作,不断提升教师科研成果的质量,为职业教育的发展和进步做出更大的贡献。在未来,随着信息化技术的不断进步和完善,相信职业教育信息化对教师科研成果质量的影响将会更加显著,教师的科研水平也将得到进一步提升。

三、信息化对教师科研成果传播与应用的影响

在当今数字化时代,职业教育信息化正逐渐改变着教育的方方面面,对教师科研成果的传播与应用也产生了深远的影响。

(一)职业教育信息化极大地拓宽了教师科研成果的传播渠道

传统的科研成果传播往往局限于学术期刊、会议等有限的途径,而信息化

技术的发展让教师能够通过网络平台将其科研成果更广泛地展示给大众。在线学术论坛、专业网站以及社交媒体等成了教师分享科研成果的新舞台,使更多的人能够接触到这些成果,打破了地域和时间的限制,提高了科研成果的可见度。这不仅有助于扩大科研成果的影响力,还能吸引更多同行的关注和交流,促进科研成果的进一步完善和发展。

(二)信息化加快了教师科研成果的传播速度

在网络环境下,信息可以迅速地传递和扩散,教师的科研成果能够在短时间内被大量的人获取和了解。这使得科研成果能够更快地产生社会效应,及时为相关领域的实践提供指导和借鉴。与传统的传播方式相比,信息化的传播速度大大提高,使科研成果能够更及时地应用于实际工作中,更好地服务于职业教育的发展。

(三)职业教育信息化为教师科研成果的应用提供了更多的机会和途径

通过网络平台,教师可以与企业、行业组织等更紧密地联系与合作,将科研成果直接应用于实际生产和实践中。例如:一些科研成果可以转化为教学资源,丰富职业教育的课程内容;一些技术创新成果可以直接应用于企业的生产过程,提高生产效率和质量。信息化的连接作用使得教师的科研成果能够更紧密地与社会需求相结合,实现科研成果的价值最大化。

(四)职业教育信息化在促进教师科研成果传播与应用的过程中也带来了挑战

一方面,信息的海量和繁杂使得科研成果容易被淹没在网络的海洋中,难以引起足够的关注。另一方面,网络环境的开放性也带来了一些知识产权保护方面的问题,教师的科研成果可能面临被侵权和盗用的风险。此外,部分教师对信息化技术的运用还不够熟练,在利用网络平台传播和应用科研成果时可能会遇到困难,影响效果。为了应对这些挑战,学校和相关部门需要加强对教师的信息化培训,提高他们利用网络平台进行科研成果传播与应用的能力。同时,要建立健全知识产权保护机制,保障教师科研成果的合法权益。教师也要不断提升自身的信息化素养和科研能力,积极主动地利用信息化手段来推广和应用自己的科研成果。在传播科研成果时,要注重内容的质量和针对性,以吸引更多的人来关注和应用。

总的来说,职业教育信息化对教师科研成果的传播与应用产生了积极而深远的影响。它为教师提供了更广阔的舞台和更多的机会,使科研成果能够更好地服务于社会和职业教育的发展。但同时也需要我们正视其中存在的挑战,通过加强培训、完善机制等措施来加以应对。只有这样,才能充分发挥职业教育信息化的优势,推动教师科研成果的广泛传播和有效应用,为职业教育的持续进步做出更大的贡献。在未来,随着信息化技术的不断发展和完善,相信职业教育信息化对教师科研成果传播与应用的影响将会更加显著,教师的科研水平和成果应用能力也将得到进一步提升。

第六节　职业教育信息化背景下
提升教师科研能力的策略与途径

面对信息化带来的机遇与挑战,通过一系列有针对性的方法和路径,帮助教师更好地适应并利用信息化环境,提升自身的科研能力。这不仅包括掌握先进的信息技术工具和方法,更涉及培养教师在信息资源获取、数据分析、创新思维等方面的能力。同时,还需要构建支持教师科研的信息化平台和环境,促进教师之间的交流与合作。通过这些策略与途径,教师能够更高效地开展科研工作,产出更有价值的科研成果,进而推动职业教育的发展和进步。这是在职业教育信息化时代中,实现教师专业成长和教育质量提升的关键举措。

一、学校层面的支持与促进策略

在职业教育信息化的背景下,提升教师的科研能力对于学校的发展和教育质量的提高至关重要。学校作为教师发展的重要支撑,应采取一系列支持与促进策略来帮助教师提升科研能力。

(一)学校可以加强信息化基础设施建设,为教师提供良好的科研环境

确保校园内有稳定、高速的网络连接,提供充足的计算机设备和相关软件,使教师能够便捷地进行文献检索、数据收集与分析等工作。同时,建立数字化图书馆和科研资源库,整合各类学术资源,方便教师获取最新的研究资料,拓宽

科研视野。

(二)建立健全科研管理制度

学校应制定明确的科研规划和目标,引导教师明确科研方向。设立合理的科研激励机制,如科研奖励、职称评定加分等,激发教师的科研积极性。完善科研项目申报、审批和管理流程,为教师提供便捷的服务,提高科研效率。此外,加强科研经费的投入和管理,保障教师有足够的资金开展科研活动。

(三)学校可以积极组织各类科研培训活动

根据教师的需求和实际情况,开展信息化技能培训,如数据处理软件、科研工具的使用等,帮助教师提升信息技术应用能力。邀请专家学者进行科研方法、学术写作等方面的讲座和指导,提高教师的科研理论水平和实践能力。同时,鼓励教师参加学术交流会议和培训,促进教师与同行之间的交流与合作,拓宽科研思路。

(四)搭建科研合作平台,促进教师科研能力提升

学校可以加强与企业、科研机构的合作,为教师提供更多的科研合作机会。建立校内科研团队,鼓励不同学科、专业的教师相互合作,形成优势互补,共同攻克科研难题。推动跨校合作,开展联合科研项目,促进教师之间的资源共享和经验交流,提升科研水平。

(五)学校提供科研指导与服务

安排专门的科研管理人员,为教师提供全程的科研指导和帮助,协助教师解决科研过程中遇到的问题。建立科研导师制度,为年轻教师配备经验丰富的导师,一对一地指导,帮助年轻教师快速成长。定期开展科研进展汇报和交流活动,及时了解教师的科研情况,给予针对性的建议和支持。

(六)学校要营造良好的科研文化氛围

倡导学术自由、创新的精神,鼓励教师勇于探索、敢于尝试。通过举办科研成果展览、学术讲座等活动,展示科研成果,激发教师的科研热情。树立科研先进典型,宣传优秀科研教师的事迹和成果,发挥榜样的示范作用,带动更多教师

积极投身科研工作。在职业教育信息化背景下,学校通过一系列支持与促进策略,可以为教师提供全方位的科研支持,有效提升教师的科研能力。教师在良好的科研环境中,不断学习、实践和创新,为职业教育的发展做出更大的贡献,推动学校科研水平迈上新台阶。

(七)学校应关注教师的个体差异和发展需求

根据不同教师的特点和阶段,制定个性化的支持方案。对于有潜力的教师,提供更多的科研机会和挑战,帮助其快速成长;对于面临困难的教师,给予关心和鼓励,帮助其克服困难,重拾科研信心。

(八)学校应建立科学合理的评价体系

学校不仅应注重科研成果的数量和质量,还应关注教师在科研过程中的努力和进步。对教师的科研工作进行全面、客观地评价,及时反馈评价结果,让教师了解自己的科研水平和存在的不足,以便有针对性地进行改进和提升。

(九)学校应加强与其他学校、教育机构的科研合作与交流

组织教师参加科研联盟、学术研讨会等活动,拓宽教师的科研视野,促进科研资源的共享和整合。通过与外部的交流与合作,让教师了解最新的科研动态和趋势,吸收先进的科研理念和方法。

(十)学校要持续关注职业教育信息化的发展趋势,及时调整支持与促进策略

随着信息技术的不断更新和发展,教师的科研需求也会发生变化。学校应与时俱进,不断完善相关措施,确保教师能够适应信息化环境下的科研工作要求,持续提升科研能力。

总之,学校在职业教育信息化背景下提升教师科研能力的过程中扮演着至关重要的角色。通过多方面的支持与促进策略,为教师创造良好的科研条件和氛围,激发教师的科研潜力,推动教师科研能力的不断提升,从而为职业教育的发展提供坚实的科研支撑。在未来,学校应继续努力,不断探索创新,为教师科研能力的提升做出更大的贡献。

二、信息化培训与专业发展的建议

在职业教育信息化的浪潮中,通过信息化培训与专业发展来提升教师的科

研能力显得尤为重要。这不仅有助于教师更好地适应时代发展的要求,还能为职业教育的创新与进步提供坚实的支撑。

(一)信息化培训是提升教师科研能力的重要手段

在培训中,教师可以学习到各种信息技术工具和方法,如数据挖掘、可视化分析、在线调研工具等。这些工具能够帮助教师更高效地收集、整理和分析数据,为科研工作提供有力支持。培训还能让教师了解到最新的信息化技术趋势和应用案例,拓宽科研视野,激发科研灵感。

通过参与信息化培训,教师能提升自身的信息素养和数字能力。他们能够熟练掌握信息技术的操作技巧,学会运用各种软件和平台来管理和分享科研资料,提高工作效率。此外,信息素养的提升还使教师能够更好地应对信息过载的挑战,在海量信息中筛选出有价值的科研素材,为科研工作奠定坚实基础。

(二)促进专业发展是教师科研能力提升的关键因素

职业教育的领域不断拓展和更新,教师需要持续学习和更新专业知识,以保持对前沿领域的了解和把握。通过参加专业研讨会、学术讲座、行业交流活动等,教师可以与同行专家进行深入交流,分享科研经验和成果,获取最新的专业信息。这些交流与互动能够激发教师的科研热情,促进他们在专业领域的不断成长。在专业发展过程中,教师还应该注重自身专业技能的提升。这包括教学方法的创新、课程设计的优化以及实践能力的增强等。通过不断提升专业技能,教师能够更好地将科研成果应用于教学实践,实现科研与教学的有机结合。同时,专业技能的提升也有助于教师在科研中提出更具实践意义的研究问题和解决方案,提高科研的质量和影响力。

信息化培训与专业发展是相互促进、相辅相成的关系。信息化培训为专业发展提供了技术支持和方法指导,而专业发展则为信息化培训提供了明确的目标和方向。在职业教育信息化背景下,教师应该将两者有机结合起来,通过持续地学习和实践来提升自己的科研能力。

(三)学校和教育机构为教师提供良好的支持和保障

建立完善的信息化培训体系,定期组织培训活动,并为教师提供充足的学习资源和时间。同时,鼓励教师积极参与科研项目和课题研究,提供必要的经费和条件支持,营造良好的科研氛围。学校还可以建立科研团队,促进教师之间的合作与交流,共同攻克科研难题,提升科研水平。

(四)教师自身也要树立积极主动的学习态度和科研意识

将信息化培训和专业发展视为自身职业发展的重要组成部分,主动寻求学习机会,不断挑战自我。在日常工作中,要善于发现问题,积极思考解决方案,并将其转化为科研课题进行深入研究。同时,要保持对科研工作的热情和毅力,不畏困难,坚持不懈地追求科研成果。

在信息化培训与专业发展的过程中,教师还可以借助网络平台和在线资源来拓展学习渠道。利用在线课程、学术论坛、科研博客等工具,与国内外同行进行交流互动,分享经验和见解。通过网络平台,教师能够及时了解到最新的科研动态和成果,获取更多的灵感和启发,进一步提升自己的科研能力。

(五)教师要注重将科研成果进行转化和应用

将研究成果应用于教学实践中,推动职业教育教学质量的提升。同时,将科研成果转化为实际的产品或服务,为社会经济发展做出贡献。通过成果的转化和应用,教师能够更好地体现科研的价值和意义,进一步激发自身的科研动力和热情。

(六)要建立科学合理的评价机制来激励教师不断提升科研能力

对教师的科研成果进行客观公正地评价和认可,给予适当的奖励和激励。评价机制不仅要关注科研成果的数量和质量,还要注重教师在科研过程中的努力和进步。通过评价机制的引导,教师能够更加明确自己的科研目标和方向,不断努力提升科研能力。

总之,在职业教育信息化背景下,通过信息化培训与专业发展来提升教师的科研能力是一项重要而紧迫的任务。学校、教师以及社会各方应共同努力,为教师创造良好的学习和发展环境,推动教师科研能力的不断提升。只有这样,才能更好地适应职业教育信息化的发展要求,为职业教育的改革和创新做出更大的贡献。在这条不断探索和进步的道路上,教师将以更强大的科研能力和专业素养,为职业教育的美好未来书写更加辉煌的篇章。

第十章　职业教育信息化创新的
评价与监测体系

第一节　评价指标的构建

信息化评价研究始于 20 世纪 60 年代,随着现代信息技术的发展和应用,从最初围绕信息的概念和本源性方法探讨,发展到当前以信息社会应用发展为核心的价值取向。从系统论的角度来看,评估是为系统地获取和估价某一对象的信息并为其提供有用的反馈。从信息技术推动教育发展、促进教育改革的视角出发,教育信息化评估是指评估人员根据评估的目的和一定的评估标准设计评估方案,系统、科学和全面地采集、筛选、取样、分析教育信息化建设中的有关信息,确定评估的指标体系,由此对评估对象进行分析和综合判断,建立评估活动的档案,为改进和优化教育信息化的发展提供依据。

一、教育信息化评估流程

通过收集学校信息化建设相关信息,进行预先诊断,依据诊断的结果做出决策,开展教育信息化实际应用,然后针对学校信息化应用的结果进行评价,评价的信息又可以作为下一步评价循环中的客观信息,通过这一评价流程来实现对教育信息化建设过程的控制。此外,为进一步优化决策,以可访问的形式提供所有相关的信息有助于对教育信息化系统进行各层次的反思和决策。数据信息的使用一般分为三个层次,分别对应教育信息化系统的任务和活动。信息使用的细节和使用的信息量越多,决策的水平越低。随着决策层次的上升,所需的信息量将减少,信息将会更加集成和综合,并整合了所有可能的数据。在此决策过程中信息的使用一般分为宏观、中观和微观三个层次。宏观层次主要负责整个教育信息化系统规划的战略决策,包括中长期可实现的目标。宏观层次需要关于全国、区域或省级目标设定的信息,为了更好地实现既定目标,依据一定的分类(如年龄、性别、城镇或农村等)收集数据是必不可少的。中观层次主要是决策者对资源分配的管理和控制,以进行有效的平等分配。这一层次将一般的目标转化为更具体的技术上可操作的决策,因此,中观层次需要具体的数据来检测最终的故障和优化资源的使用。微观层次对应操作活动以及更多的日常活动,更贴近学校,决策需要更详细的信息。这三个决策层次常常是相互重叠、相互联结的,宏观层次的决策需要基于低层次收集到的精确可靠的信息。严格和仔细的评价过程应作为每个项目的主要组成部分,考虑信息技术的影响,并将监测和评价纳入过程本身,使用指标来衡量系统的发展和成熟水平,将成为基于数据的决策和目标知识的一个必不可少的环节。

二、教育信息化评价实施

教育信息化评价实施包括学生的学习、输入、过程和产品、发展阶段、影响、监测和评估七个部分。

(一)学生的学习

作为所有项目实施的主要目标,学生必须作为任何教育信息化项目实施所必须考虑的直接受益者,不管他们是儿童还是成人。在具体的教育信息化项目中期望的结果应该直接与学生的学习紧密联系,明确呈现信息化项目实施对学生的直接影响或间接影响。

(二)输入

输入不仅指项目实施信息,还包括可能影响项目实施的因素。输入包括基础设施、资源、教学科研应用、管理、人才培养和信息化保障体系六个方面。基础设施包括信息化硬件基础设施、信息化设备、网络连通性和相应的保障与服务支持。资源包括信息技术课程资源、数字化内容、工具和信息系统等。教学科研应用包括课程、信息化教学及相应的教学支持和技术支持。管理包括系统结构和战略及各层次的项目管理、信息传播、激励计划、规章制度等。人才培养包括教师培训、信息技术技能培训、信息技术教育。信息化保障包括活动参与、相应的政策支持和经费支持等。

(三)过程和产品

过程和产品是指将在项目实施过程中修改的元素和应该表现出的实施结

果。过程和产品的提出使得评估框架支持设计、实施和监测具体的项目开展，促进信息技术与教育的整合。与基础设施相对应的过程和产品包括信息与通信技术（ICT）布局和技术规范、实施过程、访问和使用等，与资源相对应的过程和产品有课程开发、学习组织、资源的可获得性、系统使用等，与教学科研应用相对应的过程和产品有网络课程平台开发、信息技术应用模型、帮助系统和信息化教学支持系统等，与管理相对应的过程和产品有学校组织、管理系统、激励计划、规章制度等，与人才培养相对应的过程和产品有教师绩效、信息技术体验和信息技术培训，与信息化保障相对应的过程和产品有参与者参与的态度和期望、国家政策的优先性和能见度、信息化预算等。

（四）发展阶段

项目的发展阶段描述了影响项目设计、实施和评价的四个阶段。根据联合国教科文组织提出的四个发展阶段，在项目设计、实施、评价和随后的教育系统比较时应考虑项目的四个发展阶段，分别为起步阶段、应用阶段、融合阶段和创新阶段。通过分析过程和产品中的指标，决定项目发展阶段，并给出各阶段对应指标的期望结果。

（五）影响

项目的影响和条件允许采用不同的变量广泛地测量结果。教育信息化的影响首先表现在实践上，信息技术在教学中的应用促进了教师教学方式和学生学习方式的变革，促进了教学创新，促进了学校的变革和教育的变革。其次，表现在学生的参与度、学习成绩、信息技术和能力上。信息技术的应用激发了学生的学习动机和参与的积极性，并能影响学生的学习成绩，如语言、数学和科学等课程成绩。虽然还缺乏足够的研究证明教育信息化投资能提高学生不同学科的学习成绩，但仍然需要确定这种影响是否显著。信息技术为知识体系的构建提供了条件，为了使信息技术能在教学和学习实践中有效地、综合地使用，教育信息化战略和方法应该放在恰当的位置，项目实施应与期望的结果相联系。

（六）监测

监测过程包括不同来源的数据和信息。与基线部分相关的数据是项目实施前或启动应用时整个系统层面状态的指标，从初始数据开始，一旦项目实施，将测量系统发展或项目实施的影响。基线部分包括广泛的测评指标,促进对信息技术应用的准确分析。在项目层面上应该考虑显著影响项目目标的指标,包括那些与学生学习密切联系的指标。

在监测环节,当从系统层面考虑时,需要采取稳定的行动确定信息技术应用过程中所带来的变化,定期应用表明了政策制定者的决策正确。在项目层面,项目实施过程中相关数据设计将告知和促进项目朝着既定的目标方向进行,同时对早期的问题进行监测。

(七)评估

评价过程包括对项目、项目的成果、项目实施过程中存在的问题的回顾和总结,在项目完成时或项目实施的特定阶段进行评价,其目的是通过取得的成果衡量教育信息化战略目标的实现程度,借助系统指标监测项目实施的进展和影响。

第二节 监测的方法与工具

监测可以被广义地定义为"定期或持续地观察某事物的行为",观察的行为将被进一步称为评估,因此,定期评估等于监控。教育监控是指教育评估,以及它是如何随着时间的推移而发展的。教育监测关注教育的许多不同特征,如教育输入、过程、学习结果以及不同的观察方法等。教育信息化的评价和监测在整个教育信息化规划和管理中非常重要。

高等教育信息化评估中有多种指标权重的确定方法,总结这些确定方法,大体上可分为主观赋权法和客观赋权法两大类。主观赋权评价法包括德尔菲法、层次分析法、模糊综合评价方法等;客观赋权评价法包括数据包络分析法和数理统计评价方法等。

一、主观赋权评价法

(一)德尔菲法

德尔菲法也称专家调查法,是一种通过给专家发放加权咨询表,而后进行统计处理以确定指标权重的方法。该方法通过对一些无法定量分析的非技术因素做出概率估算,并告诉专家概率估算结果,使分散的评估意见逐次收敛。该方法也是一种经典的预测方法。在教育信息化评估中,当评估的项目特别是新兴技术发展现状和趋势不易定量时,可以采用德尔菲法进行指标权重确定和发展趋势预测。例如,发布《地平线研究报告》的新媒体联盟组织采用德尔菲法开展信息化评估和预测,研究教育信息化领域未来重点发展的新兴技术、关键趋势和重要挑战。

(二)层次分析法

层次分析法是一种定性与定量相结合的系统化、层次化的分析方法。这种方法将决策者的经验给予量化,将分析问题内在因素间的层次结构划分为目标层、准则层和方案层等几个基本层次,是一种应用非常广泛的、多准则决策方法。当数据比较缺乏且目标结构复杂时可采用该方法。运用层次分析法进行教育信息化评估时,首先应根据因素间的相互隶属关系,将教育信息化水平各影响因素划分为不同层次的不同集合,形成一个多层次的教育信息化层次结构分析模型和两两因素判断矩阵,然后利用判断矩阵计算各因素对上一层准则的相对权重,得到层次总排序,获得教育信息化各因素的重要性。该评价方法不需要大量的数据,但需要依据专家经验来进行评价过程中两两因素之间的比较,从而建立判断矩阵,因此评价结果会受主观因素的影响。

(三)模糊综合评价方法

模糊综合评价方法也是一种进行高等教育信息化评估的常用方法。该方法是借助模糊数学的一些概念对教育信息化水平进行评估的一种综合评价方法。具体来说,该方法是利用集合论和模糊数学理论,将一些边界不清、不易定量的信息化影响因素定量化,从多个信息化因素对被评估对象的隶属等级状况进行综合性的评估。

二、客观赋权评价法

(一)数据包络分析法

数据包络分析法(Data Envelopment Analysis,DEA)是由美国著名运筹学家查恩斯(A. Charnes)和库伯(W. W. Cooper)等以相对效率概念为基础发展起来的一种新的系统分析方法。该方法借助数学规划模型来比较决策单元(Decision Making Units,DMU)间的相对效率,从而对决策单元做出评价,但是,各比较决策单元应具有相同类型的输入和输出。该方法的优点是能够处理具有多输入多输出特征系统的相对效率评价问题,无须事先人为设定指标权重,也不用人为假定各种函数的形式以及对参数进行估计和检验。数据包络分析法既可以对样本单元进行评价,又可以对非有效单元提出优化调整的办法。但数据包络分析法主要针对定量数据的分析,且对数据量有限的多指标评价的局限性较大。

(二)数理统计评价方法

数理统计评价方法主要包括主成分分析法、因子分析法、聚类分析法、结构方程模型等方法。通过搜集针对研究问题的原始数据,加工、整理后利用专门的数学方法确定问题中各因素之间的因果关系。该方法主要针对定量数据的问题进行评价且对数据量的要求较高。

三、结构方程模型

结构方程模型是多元统计分析中一个比较前沿的研究领域,国内外学者也开始将该方法用于信息化评价中,包括理论模型验证、评价指标体系优化、建立综合指数等。Corina、Constantin 和 Taylor 等用该方法来测量电子准备度和比较随着时间的推移数字鸿沟的变化。蒂莫西介绍了结构方程模型用于教育技术研究的实践指南和应注意的问题,并给出了一个案例。乌斯卢埃尔等使用结构方程模型对高等教育信息化中信息技术使用情况进行了研究。国内也有学者进行了相关研究,但相对来说比较少。孙继红采用偏最小二乘法(Partial Least Squares,PLS)结构方程模型、从实践层面验证理论层面构建的区域高等教育评估指标体系,并进行指标的筛选、维度验证和权重确定。张成洪等采用结构方程模型验证高校信息化投入、建设、应用以及价值产生的全过程,但只是进行因果关系的验证研究。高文香等对我国高校信息化体系测度模型进行了验证研究,但只是进行了模型的简单验证,并没有获得模型中各指标的权重,也没有获得综合指数,研究结果不具代表性。由于结构方程模型具有理论验证和量化数据的优势,所以结构方程模型成了构建评价指标体系、建立综合指数的好方法。

第三节　评价与监测的实践应用

在教育信息化监测过程和项目最终评价结束时,审查关键的基础信息对教育信息化评价实施概念框架来说是必要的。测量系统发展和成熟度水平的指标体系是基于可靠数据和目标知识进行政策制定时必不可少的工具。在概念框架中应确定教育系统或具体的项目评价实施时应该考虑的领域、规划过程和产品,虽然这些过程并不都直接涉及,但是会受项目发展的影响。

在具体的项目层面,可以通过建立指标集,采用定性和定量的方法收集观测数据。这种评估能测量项目的效率,在项目实施过程中监测项目的进展,更容易确定最佳实践,并促进实施信息技术在教育领域的新举措。考虑到每个教育信息化项目实施时的路线不同,教育信息化评价实施概念框架在本质上应该具有广泛的适用性,允许直接或间接地参与项目,审查和选择不同的变量,了解变量如何影响项目的实施。不管相关变量成分是否包括进项目,目标应该是与改善学习和实践相联系的,监测和评价机制也应该与目标挂钩。一个良好的评价应该允许一个教育项目与其他项目的结果可比较,以评估投资的效率。

一、美国大学信息化评估体系

美国高等教育信息化专业组织由两个成立于 20 世纪 60 年代的专业协会于 1998 年合并而成,这两个协会分别是高等院校系统交流组织(College and University System Exchange,CAUSE)和大学校际交流委员会(Educom)。当前高等教育信息化专业组织是一个在世界范围内居于领导地位的、规模最大的高等教育信息化专业组织,由高等院校、高等教育研究机构和信息技术企业组成,以合理利用信息技术促进高等教育发展为使命,现有 2000 多所高等教育机构和 250 多家信息技术企业加盟。高等教育信息化专业组织当前有两个主要的数据分析服务,即核心数据服务(Core Data Service,CDS)和高等教育信息化专业组织应用研究中心(EDUCAUSE Center for Applied Research,ECAR)。通过开发高等教育信息化实施与评价的各种指标体系,收集分析数据,实现对美国高等教育信息化现状和发展趋势的有效评估。

(一)美国大学信息化评估学生指南

高等教育信息化专业组织与美国大学注册及录取协会、美国大学招生咨询协会合作推出了一套评估体系,对美国大学信息技术环境和美国大学信息技术应用进行评价,目的主要是为美国中学生以及家长为其孩子选择大学提供参考。该指标体系从学术体验、管理体验、学生生活、服务和费用四个方面提出了39个问题,依此来评价美国高校的信息化水平。学术体验包括课程、支持服务和毕业就业等内容,管理经验包括个人信息管理、业务办理、隐私、安全和使用规则等内容,学生生活包括获得计算机服务、与人沟通联系等内容,服务和费用包括费用和开销、技术支持、其他服务等内容。由于该指标体系操作性强,已经被美国多所大学引用,但是该指标体系的问题设计仅从学生的需求角度出发,考察的面不够全,并且没有反映问题与问题之间的权重关系。

(二)核心数据服务

核心数据服务自 2002 年以来,通过每年对 800 多所高等教育机构进行网络在线调查,采集信息技术在高等教育中应用的可比较数据,为学院和大学提供信息技术战略规划和管理方面的标杆服务,并为完成和提交年度调查的大学提供数据支持服务。

二、国家信息化指标体系

1997 年的国家信息化工作会议明确指出,信息化的内涵就是以信息技术广泛应用为主导,信息资源为核心,信息网络为载体,信息产业为支撑,信息化人才为依托,法规、政策、标准、安全为保障的综合体系。《国家信息化指标构成方案》中将信息化划分为六大要素:信息网络,信息资源,信息资源的利用与信息技术的应用,信息技术和产业,信息化人才,信息化政策、法规和标准。借鉴世界上各种信息化测评方法的长处,结合我国具体国情,国家信息产业部于 2001年 7 月正式公布国家信息化指标体系构成方案。根据国家信息化的体系结构,国家信息化指标体系从信息资源开发利用,信息网络建设,信息技术应用,信息产业发展,信息化人才,信息政策、法规和标准 6 个维度概括反映了国家信息化水平。

在教育部的支持下,国家先后启动了教育部教育改革和发展战略与政策研究重大课题"教育信息化建设与应用研究"、教育部科学技术委员会战略重点研究项目"我国教育信息化建设与创新发展战略研究"。通过国家项目的研究,学者形成了我国教育信息化建设与创新发展的战略框架。该框架从基础设施、资源建设、人才培养、应用系统、产业发展、标准规范、政策机制、国外情况八个方面阐明了我国教育信息化建设与创新发展的内容。

(1)基础设施建设与应用情况,包括中国教育和科研计算机网的建设与发展研究、教育卫星宽带传输网的建设与发展研究、中国教育科研网格的建设与发展研究等方面内容。

(2)资源建设与应用情况,包括数字图书馆的建设与发展研究、数字博物馆的建设与发展研究、教学与科研资源的建设与发展研究等方面内容。

(3)信息化人才培养情况,包括基础教育信息化的建设与发展研究、高等教育信息化的建设与发展研究、职业教育信息化的建设与发展研究等方面内容。

(4)应用系统建设与应用情况,包括我国教育电子政务(e-management)的建设与发展研究、农村远程教育工程的建设与发展研究、教育电子政务的建设与发展研究、教师教育公共服务平台的建设与发展研究、对外汉语远程学习平台(孔子学院)的建设与发展研究等方面内容。

(5)信息化产业发展情况,包括教育软件产业现状与发展、教育培训市场的现状与发展等方面内容。

(6)标准规范建设与应用情况,包括我国教育信息化技术国家标准体系的建设、我国教育信息化标准推广与应用保障机制的建设等方面内容。

(7)国家宏观政策机制情况,包括我国教育信息化创新发展的总体发展目标与战略措施研究、我国教育信息化持续发展的教育信息化组织保障体系建设研究等方面内容。

(8)国外教育信息化建设与应用情况,包括国外信息网络建设与发展研究、国外信息资源建设与发展研究、国外应用系统建设与发展研究、国外政策机制建设研究、国外信息化产业发展研究等方面内容。

第十一章　职业教育信息化创新的保障机制

第一节　组织管理机制

一、加强信息化基础条件建设

（1）要加强校园网的建设。信息化的教学管理必须是基于校园网网络平台的，需要注意以下几点。一要加强现有网络的优化升级，对于影响网络速度的瓶颈问题必须加以解决。二要加强与电信运营商的沟通，进一步协调、解决好跨网访问带来的问题。三要增加和加强网络管理队伍的技术力量，"三分技术，七分管理"，管理好网络是校园网络发挥好作用的关键。由于网络是一个开放的世界，存在各种潜在的威胁，网络建好后因为管理不到位而导致网络应用能力下降的事例比比皆是。所以，学校一定要增加网络管理的技术力量，特别是要由技术精湛的高级人才来负责整个网络管理团队，带领他们管理维护好整个校园网络，保障网络访问、数据传输的畅通和快捷。四要定时安排现有网络管理人员的分批学习培训，提升他们的技能水平，以更好地为管理好校园网络服务。

（2）应该对全校的信息资源进行统一规划、建设，建立全校的数据中心，这是目前高校信息化的发展趋势。数据中心的建设不仅能够优化资源配置，也便于对资源的统一管理和维护。

（3）关于软件方面的建设指的是教学管理信息系统功能的进一步改进和完善。如前文所述，应该要加强与高校管理人员以及教师、学生也就是最终用户的沟通；整合学校的软件研发技术力量，组建更加强大的技术开发团队，增加相关院系和部门的合作；量力而行，采取"自主开发"与"技术引进"相结合的方式，学校自己力量能做到的自己做，不能做到的也不排斥引进外来专业软件公司的技术力量。总之，要通过多种方式和手段使软件的功能更完善，运行更稳定可靠,更智能化,更有决策支持能力。

二、完善信息化建设组织构建,突出顶层设计

任何一项重要工作的实施和推进,都要有完善的领导组织机构予以支撑。高校教学管理信息化建设是关系学校教学和人才培养全局的系统性工程,不是哪个部门就能独立完成的工作,需要全校上下各相关部门通力协作,二级院系积极贯彻,广大教学管理人员和教职工广泛参与。

而在教学管理信息化建设中,要将这些方方面面的部门和人员有机组织起来,形成一个高效的信息化建设整体工作推进的网络,就必须在学校领导层面突出顶层设计,作为引导教学管理信息化建设的领导核心,并在此基础上建立一个比较完善的领导组织架构,负责协调和处理教学管理信息化建设过程中的具体问题。

教学管理信息化建设突出学校领导层面的顶层设计,自上而下,是学校的决策意志强有力的体现,能够确保此项工作实施的重要性和权威性,在很大程度上减少此项工作在各部门、各二级院系、教学管理队伍和广大教职工中推行贯彻的阻力。完善的领导组织机构,便于明确各部门、各二级院系在教学管理信息化建设中所承担的角色和任务,确保此项工作在职能部门之间、二级院系之间的横向协调,职能部门与二级院系之间的纵向协调,从运行机制上避免教学管理信息化建设实施过程中部门之间、院系之间的相互推诿。

学校领导层面的顶层设计和完善的领导组织架构,从机制上保障了教学管理信息化建设不是学校个别领导的决策行为,而是学校决策层共同研究的集体意志,保证了在相当长一段时间内教学管理信息化建设政策的连续性和完整性,有效避免了教学管理信息化的整体建设进程由于个别领导的更换而受阻。

三、加强宣传,促进广大教职员工广泛参与

教学管理信息化建设的最终目的是为高校教学管理人员、广大教职员工和学生服务,要达到理想的建设效果,除了要有各职能部门和二级院系的积极贯彻落实外,还依赖基层广大教职员工的广泛参与。

现阶段,在进行教学管理信息化建设过程中,由于广大教职员工仍然习惯于传统的管理模式和管理经验,对教学管理信息系统的使用接受需要一个心理认同和操作熟练的过程,因此往往对新系统的使用动力不足,对参与教学管理

信息化建设的关注度不够,甚至表现出对教学管理信息化建设持有怀疑和抵触情绪。为应对这样的不利局面,各高校应该采用多种途径加强对教学管理信息化建设重要性的宣传力度,引起广大教职员工对信息化建设的重视,并集思广益,对广大教职员工关于教学管理信息化建设的意见和建议及时做出回应,让广大教职员工切实感受到学校对他们参与教学管理信息化建设的重视和尊重,使他们更乐意积极地参与到教学管理信息化建设中。

一方面,在宣传策略和宣传方法上,不能简单地仅靠下发一个文件或发布一个通知来完成,这种刻板冰冷的方式容易让广大教职工感受到是被迫参与教学管理信息化建设,宣传效果甚微,甚至会起反作用。各高校应当配合使用积极鼓励的引导政策,对在教学管理信息化建设中涌现的优秀教职员工典型给予适当鼓励和表彰,将优秀典型使用教学管理信息系统的良好感受进行大张旗鼓的宣传。通过以点带面,使广大教职员工充分了解教学管理信息化建设的目的,明白使用教学管理信息系统将给自身的工作、学习带来的便利,引导广大教职员工主动地参与到教学管理信息化建设中。

另一方面,各高校应该重视广大教职员工在参与教学管理信息化建设中提出的意见和建议,并及时给予正面的回应。例如,在教学管理信息系统的试用推荐上,要及时根据广大教职员工的试用情况进行相应改进,系统正式投入使用后,也需要在运行、维护工作中不断听取广大教职员工的反馈意见,通过对系统及时的维护升级,改进完善系统的各项功能。

四、健全教学管理信息化相关配套制度

当前我国部分高校在教学管理信息化建设中对教学管理信息系统的创建研发投入了很大精力,但相关配套制度却相对欠缺,造成了信息系统运行存在不规范使用的不良现象,损害了教学运行数据的真实有效,影响了教学管理信息系统的运行成效。因此,在教学管理信息化建设中还要健全教学管理信息化相关配套制度。

从教学管理信息系统运行的技术实施层面来看,要制定标准的系统运行数据信息编码规则,保证教学运行数据处理的统一、规范,避免因数据格式混乱、数据内容含义不清晰影响系统运行后期的数据统计分析。

从教学管理信息系统运行的管理层面来看,制定教学管理各项配套制度,可以对教学管理信息的使用进行正确的规范和约束,保证教学管理信息系统运

行的规范、透明和公正。对教学管理各种服务事项办事流程的建章立制,便于相关服务信息的对外发布和接受监督,促进教学管理信息化建设规范、有序、持续地顺利开展。

五、缜密调研,创建合适的教学管理信息系统

教学管理信息系统的创建是教学管理信息化建设具体实施过程中处于核心的一项基础性工作,教学管理信息化建设的技术目标最终都要通过教学管理信息系统实现和支撑,因此教学管理信息系统创建得科学、合理、先进,运行状态良好,是教学管理信息化建设取得良好成效的重要保障。反之,其对教学管理信息化建设的消极影响也是很明显的。

教学管理信息系统的创建是一项费时、耗力、实施难度大的复杂工程,不是一朝一夕能够完成的,因此对高校教学管理的信息化建设要慎重考虑,周密实施。为了确保信息管理系统的最终运行能适应学校的教学管理,并能切实产生积极良好的应用效果,避免信息系统创建过程中投入的人力、资金和时间的巨大浪费,必须在教学管理信息系统创建前期缜密调研,合理规划,切忌盲目投入。

要进行教学管理信息系统创建前的缜密调查研究,一方面要对学校的办学定位、教学管理模式和管理流程进行准确的梳理和科学的总结,对学校的各种办学资源进行翔实的统计分析,做到对学校的整体概况了然于心。另一方面就教学管理信息系统软件平台的创建途径而言,由于我国只有一小部分高校利用自行研发的途径,而大多数高校都是通过外购商业软件系统的途径,因此对于后者尤其要将现有商业软件系统的功能与学校的实际教学管理运行情况进行充分比较测试,宁愿前期的调研时间长一点,也要尽量避免软件系统一旦购置后与学校的实际管理情况不匹配的窘境发生。

各高校对人才培养目标的定位会随着国家、社会对人才需求的不断变化做出适当的调整,所以高校的教学管理不是一成不变,而是一个发展的、前进的过程。因此,在创建教学管理信息系统时要有合理规划,虽然学校未来发展的具体情况无法提前预知,但对学校的办学规模、教学改革和教学管理流程调整的发展趋势进行统筹考虑和合理规划是非常必要的。这样可以在一定程度上避免因学校情况发生变化,信息管理系统在短时间内就要面临重大修改或重新创建带来的巨大浪费,为维护教学管理信息系统保持较长时间的稳定运行增加了一份保障。

六、强化培训，提升教职员工信息化建设参与能力

教职员工是高校教学管理信息化建设的最终受益者，更是教学管理信息化建设的主体。任何先进的教学管理信息系统最终要依赖广大教职员工积极正确的使用才能发挥它的效率，任何创新的教学管理制度也要靠他们主动规范的贯彻执行才能发挥作用，因此他们参与信息化建设的能力在很大程度上决定了教学管理信息化建设所能达到的高度。为解决现阶段广大教职员工参与信息化建设能力不强的问题，必须强化对教职员工信息技术应用技能和信息素养方面的培训。

首先，就高校教学管理人员而言，这支队伍既包括学校教学管理职能部门的工作人员，又包括各基层教学单位的教学管理人员。他们既是教学管理信息化建设成果的最大受益者，更是教学管理信息化建设的中坚力量。教学管理信息化建设对教学管理队伍的信息化综合素质提出了全新的要求，这支队伍信息技能和信息素养的高低以及发展的稳定，将直接影响教学管理水平和信息化建设的成效。加强对教学管理队伍信息技能和信息素养的培训，在教学管理人员熟悉本校教学管理规定和流程的基础上，突出强化教学管理人员对信息化管理的适应能力，使他们能熟练地应用信息技术处理各种复杂的教学管理事务。高校的教学管理工作不仅复杂而且头绪众多，一个教学管理人员要想胜任教学管理工作必须经过较长时间的工作实践。任何队伍的建设，都免不了有人员的变动，教学管理队伍人员的正常发展和变动也是不可避免的，但教学管理信息化的建设需要一批具备信息素养良好、信息应用技能水平较高，同时具有实际教学管理经验的人才，因此维护教学管理队伍总体信息化综合素质的稳定发展是非常必要的。而要想维护教学管理队伍的稳定，只有依靠对教学管理人员的不断强化培训才能完成。

其次，就高校普通的师资队伍而言，其信息技术应用能力和信息素养的高低会对教学管理信息化建设的成效产生重要影响。由于现阶段绝大多数高校的办学规模得到了显著的扩张，因此相应的师资队伍也变得较为庞大，部分教师还很难适应信息化的教学管理环境。为此要开展全员信息化教学培训工程，一方面使部分受传统教育思想、教育观念影响较深的教师尽快接受现代教育教学思想，强化他们树立信息化教育理念，尽力弥补他们在信息素养上面的欠缺，培养他们在教学工作中自觉使用教学管理信息系统的习惯；另一方面，对信息

技术应用水平较低的部分教师,有针对性地开展形式多样和教师喜闻乐见的信息技能使用培训,努力提升他们使用教学管理信息系统处理各种教学事宜的能力。

通过对广大教职员工信息素养和信息技术应用技能方面的培训,提升他们参与教学管理信息化的建设能力,可以确保教学管理信息化建设的全面推行,把教学管理信息化实施到位。

第二节　资源保障机制

一、区域教育信息资源的共建机制

区域教育信息资源共建共享的机制,是指在区域内集中力量,着眼全局,促进教育信息资源实现具有地方特色的规范建设、高度共享和优化配置的机制。

网络教育资源共建共享机制,是指通过区域合作实现共同建设、使用以计算机技术为支撑、以互联网为平台、以信息化为基础的网络教育资源共享平台与管理系统的机制。实现网络教育资源的合理配置、共建共享,可以充分整合社会上的各种教育资源,避免重复投资和建设,有利于高效利用优质教学资源,提高教学质量和办学效益,同时也是在资源相对不足的条件下办好地方性特色教育的有效途径。

(一)总体架构

总体架构即地方政府、高校、区域教育部门联合成立区域教育信息建设组织管理机构,对当地的教育信息资源建设进行统筹规划,确定各部门、各单位的建设目标。信息资源建设应分类进行,并通过计算机网络实现信息资源的互联互通,避免重复建设。具有本地特色的教育信息资源应在共建共享框架下组织建设,实现有效的调控与管理,并制定相关的共建共享规范制度,保障教育信息资源建设的规范性。

各地方应充分发挥技术人才优势,集中力量(人力、物力、财力)做好地方教育信息资源库建设。以区域高校为信息资源建设的中心,成立地方教育信息资源中心,打造具有地方特色的教育信息资源中心,全面提升区域的教育信息化水平,同时提升服务地方经济建设、文化教育建设的水平。

地方政府的职责是做好宏观调控、规划,确定建设方向,筹措资金。地方高校的职责就是利用自身的技术优势,保障教育信息资源建设的规范性,开发资源共享平台,实现教育信息资源的共建共享,建设维护好本地教育信息资源,为地方提供高效、优质、稳定的教育网络信息服务;提出本区域的教育信息资源发展规划,建设维护好本地的门户网站。所有涉及资源类的教育信息统一由共建共享机构统筹安排建设。

(二)组织保证

组织保证即成立组织管理机构,实现有效的调控与管理。教育信息资源共建共享涉及的部门多,行政隶属不一,需要建立专门的组织机构负责对其进行组织领导、规划和督促。当前,我国的教育信息资源分配不均,缺乏共建共享机制,其中一个重要原因就是没有统一的管理系统与机制,各地方、各单位、各部门的资源建设往往各自为政、自行其是。为了促进教育信息资源的共建共享,必须构建新的资源管理机制,尽快成立专门负责教育信息资源共建共享的组织机构。该组织机构能够行使相应权力,能够协调地方政府、高校、地方教育部门、地方图书馆之间的关系,能够就相关领域的事项提出决策、意见等。其具体职责如下:统筹规划,在区域内做出统一的规划;制定共建共享的规章制度;确定共建共享系统的运作模式;搭建教育信息资源共建共享平台;做好共享参与者各方的协调工作等。该组织机构可以挂靠在各级教育行政管理部门下,在行政隶属关系上实行垂直和横向双重领导,各自在相应的地域范围内开展组织管理工作。

(三)运作机制

运作机制是使教育信息资源共建共享得以实施的一系列操作规程和规章制度。操作规程是系统运行过程中参与各方应当遵守的具体行为准则。只有严格执行操作规程,教育信息资源共建共享机制才能正常运转。这些规程应当包括建设资金的筹措方式、资源建设方式、利用方式、提供方式、资源质量标准等。各地方应在教育信息资源共建共享组织机构的领导下,搭建一个专门的教育信息资源共建共享平台,建立地方教育信息资源库。

合适的运作机制是保证教育信息资源共建共享活动得以持续发展的长效

机制。在集中投入建设的同时,为了减少对国家投入的过分依赖,教育信息资源共建共享可以采用商业化运作模式增强自身的造血功能,在实现可持续发展的同时推进教育资源共建共享。在国外,联机计算机图书馆中心(Online Computer Library Center,OCLC)等成功的合作共享计划采用的是政府补贴、成员馆投资加服务收入的运作机制;我国的超星数字图书馆则赋予资源提供者一定的权利来吸引更多的资源拥有者将自己的资源加入数据库中;中国知网(CNKI)也实行国家扶持下的市场运作机制。在教育信息资源共建共享过程中,应学习这种模式:通过在网站上开展广告宣传、进行深度服务等方式获得收入,努力形成"自筹资金—开发资源—用户自选资源—有偿使用资源—返还资金并盈利—开发新资源"的良性循环。鼓励各地企业与教育机构合作,企业注入资金并提供先进的管理理念,通过商业化的运作模式推进教育信息资源共建共享。资源库建成后共享使用,使用者支付适当的费用,企业与教育机构风险共担,利益共享。教育信息资源建设商业运作模式的实施,可以吸引社会各方面的参与,提高教育决策的及时性和科学性,而且开辟了新的市场,打破了传统教育滞后的状况,为教育产品的增值创造了条件。采用商业化运作模式、引入市场竞争机制可以极大地提高教育产业的社会效益和经济效益,增强教育信息资源建设的活力。

(四)投资机制

教育信息资源共建共享是提高资金利用率、做强做大地方教育信息资源库的一项重要举措,在其发展过程中地方政府要发挥主导作用。在信息资源库的建设过程中,以政府投资开发为主,其他出资开发为辅,开源节流,不搞重复建设,多渠道筹措资金,开发优质教育信息资源。所有共建共享单位应根据教育信息资源建设统筹规划,每年拨出一定经费进行统筹规划,同时筹措社会闲散资金,集中力量做好信息资源库建设,以高校信息资源建设为中心带动全市教育信息资源建设迈上一个新台阶。这样集中建设可提高资金利用率,减少低水平重复建设,打造具有地方特色的教育信息核心资源。

资金投入以政府为主,能够保证资源库中大部分资源免费让用户使用,如地方高校的教育信息资源、图书馆电子馆藏信息,各教育部门资助开发的精品课程,以及各县(市、区)图书馆电子信息资源,等等。同时通过提供优惠政策,鼓励通过项目合资研发、个人独资开发等方式不断扩大教育信息资源共建共享的规模。在工作中,有许多教师和科研工作者自己开发了较高水平的教育信息资源,需要通过一定的政策、机制吸引他们共享这些资源。同时通过多种方式募集社会捐赠、实行产学研结合等,吸引各类社会资金投入教育信息资源库的建设开发之中,拓宽多元化的投资渠道,做强做大共建共享的教育信息资源库。

(五)评估机制

为了提高资金利用率,确保共建共享资源库的质量,必须加强评估审核,努力提高资源库建设的质量与水平。在总体统筹规划和指导教育教学资源建设中增加社会参与力量,可以将资源建设和应用纳入教育督导评估之中,建立行之有效的评估体系,制定有关资源建设的评估标准,实现教育信息资源的评估、筛选、审核、监管,促进资源的有效利用。每隔一定时期由各共建共享单位联合组织开展教育信息资源建设开发相关评估活动,邀请知名的专家学者共同参与评审。通过资源评估,一方面可以实现对各类教育教学资源的筛选、审核,以期遴选出优质的教育教学资源以供共享,确保教育信息资源共建共享的质量;另一方面可以及时发现教育信息资源库建设存在的问题,以便寻找解决问题的对策与方法,进一步提高教育信息资源库建设的质量和水平。

总之,区域教育信息资源的共建共享,要集中社会各方力量,建立教育信息资源共建共享的有效机制,既是技术创新、机制创新,更是管理创新,需要解放思想、开拓进取的精神。共建共享机制的建设,在资金总体投入上,总数没有明显增加,但效果是突出的,完全可以在一个地域内形成较大规模的具有地方特色的核心教育信息共享资源库。使用者完全可以在原有的、需要承担一定网络通信费用的基础上,不用增加任何资金负担就可以获得更丰富的教育信息资源;地方教育部门也不用增加任何额外资金投入,就可以解决其技术力量不足的问题;区域图书馆的电子信息建设方向将更加明确,更容易形成自身特色;地方高校可以在承担地方教育信息资源建设任务的同时,不断提高高校网络信息化水平,充实高校网络教育信息资源库,增强高校服务地方建设的能力,也可以解决高校在信息化建设中的部分资金问题。但任何一种新机制的形成势必引起旧机制的改变,都将涉及利益的重新分配,势必引来阻力。因此,如何推动区域教育信息资源共建共享机制的形成,还要进一步探讨并在实践中突破。

二、教育信息资源的利用共建机制

(一)资源利用的设计

能吸引用户的教育信息资源才是优质的资源。注重资源利用者的学习特性,呈现有效的资源形式对于提高资源共建效率尤为重要。目前教育网站上提供的教学资源常以学科性资源为主,不利于学生视野的拓展。以问题为中心组织资源,综合各学科知识,实现课程结构的立体融合,能促进学生得到充分发展,对于学生批判性思维的培养和创造性思维能力的提高大有裨益。

(二)资源利用的标准化

在我国,教育信息资源建设的主体主要包括国家教育部门和大量的营利性、非营利性教育机构或教育领域人员,教育领域外的部门或机构对教育信息资源的构建涉足不够,非付费资源的有效性、实用性得不到保障。在美国,资源建设的主体呈现出高度多元化特点,政府部门对教育信息资源的提供与开发给予了高度重视,许多与教育看起来毫无关联的非营利性组织机构都积极参与建设教育信息资源库。充分调动社会多方力量参与资源建设,非营利性机构或组织的加入是实现互联网优质资源低成本共享的关键。此外,实现资源共享中软硬件的标准化,让技术与资源进行有效整合,对构建持续发展的全民终身学习体系大有裨益。

(三)资源的实时更新

实现互联网教育信息资源的高效管理,需要部门管理人员、互联网技术人员、教育科研人员等多方面力量的协作,需要引起政府各部门、各机构的关注。在美国,司法部、财政部等内阁部门,都在其部门网站的醒目位置上设置了教育资源链接。各州的教育部和学区是美国教育行政的主管部门,这些行政主管部门提供的教育资源网站往往拥有丰富的教学资源。此外,资源的实时更新是不断吸引用户的关键,而优质资源的及时更新需要源源不断的人力和物力提供可持续发展的动力。优质教育信息资源是长期积累的结果,其更新绝不是能够在短时间内完成的工作。

(四)资源共享精神的倡导

互联网作为开放式的超大数据库平台,容纳了海量的各式资源,其丰富的形态必将给使用者寻找适用资源提高难度。对教育信息资源的有效评价能为从数据海洋中找到使用者所需的资源提供帮助。资源提供者在对提供资源的平台进行设计时,应让资源可被方便地评价,进而获取的评价数据能为资源的管理提供可靠依据,以防止优质资源的浪费。

需要更加直观地展现优质教育信息资源,更需要加大低成本优质资源的推广力度,为使用者提供培训项目,提高使用者对资源的利用能力。此外,互联网中的资源数量庞大,要找到真正适用的资源是有难度的,共享精神应被倡导。百度文库提出的口号是"让每个人平等地提升自我",其中的许多优质资源是能够通过积分来换取的。通过对资源进行共享可以获取积分,如果上传的资源经过下载用户的反馈被评为"优质资源",可获得额外的积分奖励。

(五)资源库共建与创新

现代教育的顺利开展和有效实施,能够使更多人通过资源共建获得幸福感和获得感。教育信息资源库的建设需要借鉴和吸收各类已有专业教育资源库建设的有益经验,需要政府、社会、高校形成合力,坚持以就业为导向,以先进的理念为指导,以合理的途径为前提,以包容性和兼顾性为原则,更新理念,整合资源,建设高效、科学且普适性更强的教育信息资源库。

加强教育资源库软、硬件建设是保证教育健康和可持续发展的基础。一是政府要制定更为积极的教育政策,建立长效机制,加强监督和落实,为教育信息资源库建设提供有力的政策保障。二是充分认识教育信息资源库建设的重要性,不断更新建设理念。三是强化教育机构建设,从场地、经费和人员等方面予以保证。四是加强教育师资队伍建设,配齐、配强教育专职队伍,建设一支专职为主、专兼结合、数量充足、素质优良的师资队伍;五是加强教育信息资源库网络平台建设,强化管理和服务,配备专职管理服务人员,及时更新资源库。

三、教育信息资源的知识管理共建机制

随着信息技术的飞速发展,优质教育信息资源为信息化教学的顺利开展提供了可靠的保障,但是大量低质重复的信息资源也容易使学习者产生"网络迷

航"或"信息沉没"。在教育信息资源建设中，积极引入知识管理的理念和方法，使学习者可以高效利用和管理信息与知识，是教育信息化建设中面临的一个现实课题。结合教育信息资源建设中的实际问题，我们应着力共建知识管理平台，实现教育信息资源由数据信息管理到高效知识管理的层次建设。

(一)知识管理的实施步骤

知识管理的实施是以促进信息化教育为目的，考虑内外部环境与资源，选择支持知识管理的基础设施以及战略规划，并且有计划地、循序渐进地进行，引进各种知识管理方法的流程。依据知识管理项目的实施方案，具体的实施可分为以下五个步骤。

1.认知管理阶段

认知管理是实施知识管理的第一步，主要任务是统一学校对知识管理的认知，梳理知识管理对学校整体管理的意义，评估目前的知识管理现状，帮助学校认识到是否需要知识管理，并确定通过知识管理进行教育信息资源建设的正确方向。

2.战略规划阶段

该阶段的目的是拟定知识管理战略，即知识管理的目标与范围焦点，同时拟定信息技术、组织架构及知识管理流程等方面的战略。具体而言，首先从学校教育信息化战略以及教育教学各个业务流程及岗位等方面进行知识管理规划；其次制定知识管理相关战略目标与实施策略，并对流程进行合理化改造；另外还需进行知识管理技术的需求分析及规划等。

3.设计阶段

先导计划的选定：知识管理项目常会先选择一个对于组织抗拒较小、接受程度较高、能突显效果、易产生回响且较易成功的地方开始，以提高整体信心。因此，在建设面向教育信息资源的知识管理平台时，可先面向教师的教学实际需求(如教学课件、教学素材、网络课程等)，进行知识管理，在获得教师的普遍认可后，再继续推进到整个学校层面的信息资源，包括管理类资源、服务类资源、社会性资源等。

4.导入阶段

知识管理项目经过原型的循环扩大到使用者认可接受后，就可以进入引进上线的阶段,此时要特别注意教育培训、技术支持、配套服务和维修改错等工作。另外,要使广大师生员工了解在变革过程中自己应承担的责任和自己的权限,师生员工或多或少会对新的变革产生抗拒心理,而通过明确职责和权利,能提高其配合意愿,确保知识管理平台的顺利建设。

5.评估维护阶段

完成知识管理与系统导入工作后,必须对平台系统做出正确评估,并将所获得的结果进行回馈,运用到知识管理战略规划中。此外,随着环境的改变,知识管理的内容与方法也要随时更新,否则仍利用陈旧的知识就会产生负面效果。

因此,在教育信息资源建设中,必须对既有资源进行全盘清理,对一些效用较低、重复度高的信息资源要及时进行清理和归并,同时要引入最新资源形式和相关研发成果,使教育信息资源体系始终处在一个较高的层次,从而有效推动教育的发展与改革。

(二)知识管理实施的流程

知识管理实施的流程规划,具体可以分为四个阶段:第一阶段是确认策略性业务循环,第二阶段是找出信息杠杆点,第三阶段是加入人员,第四阶段是确认信息和知识内容。由此绘制而成的知识流程图才会显示出"谁""何时"需要"什么信息和知识",可为知识管理架构提供行动指南。反映在教育信息资源建设中,即对教学模式与教学过程的分析,以及教学模式中涉及的课程教学的整体流程。其中的关键是师生双方利用信息技术设计、开发和使用信息资源的实施策略,以及对知识体系的整体认知等。

随着信息技术的发展,简单的信息管理系统已经不能满足人们对教育资源智能化管理的需求,知识管理应运而生。知识管理将各种信息化教学资源转化为显性或隐性的知识集合,以实现知识的生成、传递、利用和共享。在教学实际应用中运用知识管理的理念,对教育信息资源建设乃至整个网络教学过程都具有十分重要的意义。知识管理平台建设方案是符合组织特色的技术体系和实现方式,由于各个组织结构和功能需求不尽相同,因此不存在完全一致的解决方案。

四、教育信息资源的云环境共建机制

云计算作为"互联网+"时代一种新兴的服务计算模型,具有泛在接入、快速部署、标准服务、资源透明等特点，能够整合、管理、调配分布在网络各处的计算资源，为优质教育资源的共建共享提供了一种全新的手段和模式。基于云计算技术的教育资源共建共享逐步受到各地的重视，云计算环境下的教育信息资源共建机制能促进教育信息化的整体水平提高与均衡发展，充分发挥优质特色教育资源的社会效益。

基于云计算技术的教育资源共建共享是一个复杂的过程，这个过程涉及软硬件资源的接入、封装、调用、聚合、运营管理以及云端消费等内容。如何设计一个全局的资源建设框架，全面系统地分析共建共享中的多方面问题，以整体观的视角推动教育信息资源共建共享的进程，成为云计算环境下教育资源进行共建共享迫切需要解决的问题，也是难点问题。

(一)需求分析

1. 特色需求

教育信息资源共建共享机制必须以空间为载体，尊重资源建设自身发展的规律，注重共建共享机制创新，关注资源建设特色及需求，充分利用资源结构的优势互补和空间的业务关系，在云计算技术基础上，创建一个以实际应用成效为本的教育信息服务新机制。

2. 整体性需求

云环境下的教育信息资源共建共享是一个复杂的过程，这个过程涉及各类教育资源的接入、封装、组合、获取、管理等内容，包含不同层次、关系、角色的用户，具有类别多样化、关系动态化、角色类型层次化等特性。框架的设计必须从整体出发，运用上述一系列理念寻求共享体系的最优化，为用户构建资源查找、获取、评估、使用和传递的业务链，实现资源建设宏观布局与微观调控的生态统一。

3. 协同组织与共享需求

当前，教育信息资源建设自成一家、"信息孤岛"现象严重，这种封闭式的教育资源开发模式和管理体系造成了资源共建共享障碍。教育信息资源共建共享机制框架的设计必须考虑不同系统之间的无歧义理解与操作，将云平台作为教育信息资源充分共享的纽带，把用户的需求放在价值链的首端，实现教育信息资源由封闭走向开放、由自主建设转向协同服务组织的需求，促进优质教育信息资源的共建共享。

4. 扩展需求

教育信息资源共建共享是需要长期建设与维护的系统工程,没有终点,也不可能一步到位。因此,分层框架要支持现有的应用,在实现教育信息资源整合应用时,其解决方案和体系结构必须是可扩展的,以兼容新的云服务技术和规范。当有新技术需要部署或者增加时,应避免对现有分层框架进行大量修改或重复性再造,实现可伸缩的扩展。

(二)云环境下的教育信息资源共建设计

基于前面的需求分析,在遵循教育资源服务规范与安全保障的基础上,我们提出云计算环境下面向教育信息资源共建共享的分层框架模型。从基础的资源汇聚开始,逐层扩展,渐进式完善,分层次地实现教育信息资源的共建共享,简化资源的部署和开发过程。从纵向角度看,针对不同的教育信息资源实际需求和服务获取状况,各层的人员可有选择地专注于构建某一层服务,但可以利用云计算服务体系中其他层提供的资源。

1. 教育资源层

教育资源层处于框架体系的底层,是上层系统赖以存在的资源基础。该层通过嵌入式云端技术将分散在内的各种软硬件教育资源(网络课程、文献库、教育网站、媒体素材、优秀学习案例、服务器、数据库等)进行虚拟化的汇聚与接入,并进行统一的注册和认证,封装成不同粗细粒度的资源服务,为教育资源云服务的内容层提供可靠、优质的资源支持。

2. 云计算基础服务层

云计算基础服务层将教育资源层封装和接入的虚拟化资源进行统一部署,并建立资源服务索引,方便用户的统一检索和使用。参考云计算的服务模式,我们将部署在云中的资源划分为 IaaS(Infrastructure as a Service,基础设施即服务),PaaS(Platform as a Service,平台即服务)和 SaaS(Software as a Service,软件即服务)三种不同类型,为云服务供应层提供大量灵活、可组合、可设计、可研发的资源服务。

IaaS 主要提供计算、存储和网络等基础性服务资源,是整个云计算环境的基础支撑。通过底层硬件虚拟化技术,将服务器、存储、计算、网络等基础资源虚拟化，形成池化的基础资源，并且封装成服务提供给云用户。用户相当于使用裸机，可以在上面部署和运行任意软件，如操作系统和应用程序等。

PaaS将软件开发平台作为服务提交给用户，允许用户使用多种编程语言在平台上开发自己的应用程序，同时采取一系列措施来保证软件服务的正常运行。例如：工作流引擎为服务提供相关的定义及规范服务的流程；QOS（Quality of Service）负责对服务质量进行管理；用户中间件帮助用户开发和集成复杂的应用软件，监控引擎管理和控制底层云基础设施各个设备之间的运行和通信。

SaaS将应用程序封装成服务供用户使用，主要为云服务用户提供运行在云端基础设施和平台层上的应用软件。用户也可定制运行特定的应用程序，如用户根据需要动态地封装知识构件、业务构件、资源构件、业务模型来创造出更加实用的服务，而无须管理或控制应用程序之下的平台或基础设施。

3. 云服务供应层

云服务供应层是基于基础服务层对云环境下的教育资源进行全局性的控制和管理，同时为了响应上层用户层面的资源服务请求，该层充当着桥梁、中介的作用。对上提供用户可以访问的大量可扩展的资源服务，对下实现对 IaaS、PaaS、SaaS 资源服务的部署、设计、研发等。云服务供应层具有动态性、开放性、协同性等特点，能最大限度地满足用户的各种数字化学习与教学科研活动等资源服务需求。具体主要包括云教育资源共建共享支持、云教育资源共建组织、区域云教育资源共享获取三大模块。

4. 应用服务层

应用服务层在教育资源云服务供应层的支持下，承载着云服务的具体实现功能。主要面向教育资源提供者、开发者、使用者、管理者等多类用户，为用户提供不同的学习或教学、科研等资源服务，如云端资源服务、备课服务、教学服务、自主学习服务、实时互动服务等。同时，用户还可根据自身的具体需求灵活地定制和获取资源服务。另外，在服务方式上，可以采用免费的、付费的、限时共享、资源互换等多种方式，兼顾不同人群的利益，激发共建共享主体的积极性。

5. 云端层

云端层是用户上传或获取资源服务、发布资源需求的接口层，为用户提供了统一的资源需求输入界面，用户可以在任何时间、任何地点通过网络利用 PC（个人计算机）、笔记本、平板设备、智能手机等不同的终端，像使用"水、电、煤、气"一样享用海量的资源服务,无须了解底层的基础架构是如何发挥作用的。用户可以是资源服务的使用者、资源服务需求的发布者,同时也可以是资源服务的提供者、管理者,无障碍地参与到教育信息资源建设中,满足用户的个性化、多样性需求,实现教育资源社会效益和经济效益最大化。

第三节　人才培养机制

在任何事业中,人才都是至关重要的关键要素。在信息化教育中,没有具备相当信息素养水平的教师和学生队伍,再丰富、再优质的教育信息资源也无法被运用到日常教学中,教育信息资源也就无法发挥其作用。因此,在我国实践中,有三个层次的人力资源对教育信息化至关重要:一是在日常教学活动中运用信息技术产品进行教与学活动的学科教师和学生,二是在教育信息资源设计、开发、维护和管理中扮演技术专家角色的教育信息化专业技术人员,三是引领教育信息化发展的管理者。

一、培养创新型人才的教育活动

根据马克思关于人的全面发展学说和我国的教育方针,我国的高等教育应培养德、智、体等全面发展的各类高级专门人才。从素质教育的视角看,这些高级专门人才应具有创新精神与实践能力。在马克思关于人的全面发展学说指导下的培养创新型人才的教育活动,应当具有全面性与全体性两大基本特征。

培养创新型人才的教育不是单一的智力教育,而是一种包括思想道德素质教育、人文素质教育、业务素质教育以及身心素质教育等方面的全面素质教育。

思想道德素质教育是学会做人的教育,是教育之本。创新型人才需要良好的团队精神和献身精神。创新型人才的思维方式与行为表现,必须符合伦理道德规范,必须同为社会主义现代化建设服务的方向性保持一致。所以,在培养创新型人才的过程中,要注重加强学生的爱国主义、集体主义、社会主义教育和科学道德教育。教育学生学会求知、学会做人、学会共处、学会关心。

人文素质教育是教育之底蕴。创新绝不是有了科技知识就能做到的,还必须具有良好的人文素质。实践证明,高水平的创新型人才,其人文素质必定是高的。培养创新型人才的教育要防止"唯科学主义"的倾向,注重科学教育与人文教育的融合。尤其是对理工科为主的院校来说，更应当加强人文素质教育，让学生从中外历史文化中汲取人文精华，接受高尚的人文陶冶，培养高尚的人文情操，建立深厚的人文底蕴。

业务素质是创新的基础。创新既不是空中楼阁，更不是胡思乱想，必须以宽厚扎实的业务科学知识和较强的实践能力为基础。创新，说到底就是业务素质为核心的全面素质升华的结果。当今社会的一个突出特点，就是科学技术渗透到社会生活的各个方面，使得社会问题和技术问题的解决必须依靠多学科、多技术的综合应用。所以，培养创新型人才的教育必须加强学生的业务素质教育，特别是整体化知识教育或者说是以学科为基础的综合性知识教育，努力培养学生综合运用知识提出问题、分析问题和解决问题的能力。

身心素质是创新的物质保证。很难想象一个身体状况不佳或心理不健康的人能进行什么重大的创新活动。同时，加强学生身心素质教育也是人格和谐发展的需要。

培养创新型人才的教育具有全体性，意指它不是一种精英教育，而是面向全体学生的教育。提到创新型人才的培养，许多人容易联想到培养少数未来的科学家或发明家的"英才教育"。在有关大学创造教育或创新教育的讨论中，人们也误以为其追求的目标是使大学培养出一批年轻的科学家和发明家。尽管有少数高水平的研究型大学通过努力出现过这种"英才教育"的境界，但从教育思想观念来说，追求这种教育目标的活动并不是我们所希望的大学创新教育。科学家和发明家固然是社会的英才，是人们梦寐以求的一种教育成果，但这并不是教育的全部。我们的高等教育不可能也不应该以培养极少数创新型人才作为自己的价值取向，但造就成千上万的具有创新素质的创新型人才，则应当是所有大学追求的目标。

面向全体学生培养创新型人才，也是对客观规律的尊重。事实上，每一位学生都具有一定的创新潜能，只是尚未表现出来或其解决实际问题的能力较弱而已。只要我们的教育得当与适时，每个受教育者的创新潜能会被唤醒，解决实际问题的能量也会得到放大。任何创新型人才的成长，都有一个学习与提高的过程。教育的智慧，也正在于将全体学生的创新潜能进行发掘与提升，使他们成为能够创造性地解决问题的创新型人才。

当然，面向全体学生培养创新型人才，也不是按照"一刀切"的办法将全体学生培养成标准化的"生产线人才"。恰恰相反，在培养创新型人才的教育活动中,我们在面向全体学生的同时更注重对每个学生的个性化教育。没有个性,就没有特质,缺乏个性的人不可能成为创新型人才。

面向全体学生培养创新型人才,其难点在于如何对待所谓的"落后生"问题。人的智能发展存在着差异,这是一种客观存在。但问题在于学校是怎样划分出落后生的。传统教育仅仅根据考试成绩就把学生定为落后生,并且认为"烂泥巴糊不上墙"而忽视对落后生的教育培养,更不期望这类学生成为创新型人才。这种观点与认识是不正确的,也是不公平的。创新性与考分并不成正比,考分低的学生在解决实际问题时并不见得没有创见。因此,面向全体学生培养创新型人才的教育,不宜以考试分数论"英雄",对考试成绩不好的落后生,也有必要因材施教,培养其创新精神与创新能力。当然,我们并不是要让落后生一定能够发明创造出什么而超越优秀生,而是通过教育的智慧,使相对落后的学生树立自信心和进取心,让他们在自主接受创新教育的过程中扬长避短,发现自己的创新潜能,并勇敢地去尝试创造性解决问题。一旦达到这种境界,落后生同优生一样能跨进创新型人才的行列。

二、创新实践基地建设

建立创新实践基地,是施行创新型人才培养实践模式的重要举措。考虑到学校的资源条件,创新实践基地可以采用内涵式基地和"中心式"基地相结合的建设模式。

所谓内涵式创新实践基地,就是利用学校现有或在建的实验实习基地(如金工实习基地、电工电子实验实习基地、材料实验室等),通过教学内容和教学模式的改革(如开设设计性、综合性、创新性实验或实习项目)使之具有创新实践的内涵与功能。学生在这种内涵式创新实践基地进行探究性学习,可以培养创新意识,掌握必要的学科创新实践技能。

所谓中心式创新实践基地,就是创建面向全校学生或面向因材施教学生的专项功能基地,如"创新基础实验室""材料科学创新实验室"。学生在这种基地可以进行"创新实验"或"研究性学习实验",培养创新能力。

三、课外科技活动的组织

组织学生参加课外科技活动,对于培养学生的创新精神与创新能力具有积极的意义。参加课外科技竞赛活动,更是一种挑战,也是一种实践创新的机会。

要使学生在这种实践中脱颖而出，教师要付出辛勤的劳动。从某种意义上说，也是对教师教育创新能力与艺术的检验。

为了保证创新实践的教学质量，课外科技活动要遵守以下基本原则。

1. 创造性原则

科技竞赛活动以培养创造力为宗旨，因此教师和学生应十分注重创造性的发挥，倡导匠心独具、锐意创新的独创精神。科技竞赛活动要特别鼓励学生解放思想，敢想前人没有想过的东西，敢走别人没有走过的道路。在思考答案的过程中，要尽可能想出与众不同的答案，尽管初期的想法可能有些荒唐可笑，但是也不要压制他们说出来，因为荒唐设想可以作为进一步思考的"垫脚石"，荒唐中或许能孕育着有价值的新思路或新答案。

2. 自主性原则

自主性原则，要求在科技竞赛活动中充分调动学生的主体意识，充分发挥学生的主体精神和主体作用，创造性思考，创造性实践。

3. 学习性原则

科技竞赛活动既是竞技的擂台，也是学习的特殊课堂。无论是教师还是学生，加强学习是十分必要的，这也是开展科技竞赛活动的一条基本原则。

第十二章　职业教育信息化创新的
未来发展趋势与展望

第一节　未来发展的趋势预测

未来信息化发展主要有七大趋势，即融合、开放、协同、创新、变革、智慧和区域。

一、融合

信息技术在各学科中的应用已成为"新常态"。比如，现在北京的学校中，如果真的不让用电脑和PPT，可能很多老师已经不知道该怎么去讲课了，这也标志着信息技术已经有机融合到这些老师的日常教学中了。需要指出的是，融合其实已经成了时代的关键词，比如，真实世界和虚拟世界之间的融合使得在虚拟环境中学到的知识成了未来真实环境中解决问题的方法。

二、开放

互联网教育的发展，微课、慕课、翻转课堂的流行，使得"没有围墙的校园"似乎成了可能。在技术的推动下，学校将进一步向其他学校、社会组织、企业开放。不仅是教学科研服务向社会开放，核心的教学管理可能也慢慢会向外开放，比如浙江省就在全省范围内推广网络选修课。

此外，个人观念上的开放更加重要，比如越来越多的教师开始接受慕课和翻转课堂的理念，在各种资源平台上共享自己的微课，个人层面上的开放最终可能会推动学校组织的全面开放。

三、协同

新技术的支持，开放的理念，将使协同越来越引人注意。一方面是大、中、小学协同发展，共同探索创新人才培养的途径。之前，基础教育和高等教育几乎是分离的，除了招生，交集很少。但是现在通过"大学先修课"等形式，大学和高中开始了紧密互动。另一方面是产学研协同发展，技术的快速发展，使得教育信息化到了一个新的层次，实际上更加复杂，这就需要学校、研究机构、主管部门、企业高度协作。比如，要真正推进数字教材（电子书包）就需要出版社、云服务企业、主管部门和学校深度合作，否则困难重重。再比如，如果真的用数字教材，肯定需要记录下学生在教材中的批注和作业答案，这些数据究竟存在哪里，是出版社、学校还是云服务企业。

四、创新

当前，创新驱动成为我国的发展战略，已经成为时代的主旋律，在教育信息化领域亦是如此。当然，首先，创新要体现在课堂教学模式上，比如，基于平板电脑的互动课堂会进一步流行，游戏化学习在课堂中的应用也将越来越广泛。其次，创新也要体现在管理机制和服务机制上，比如，北京十一学校推行走班制，取消班主任，几乎是对高中教学管理模式的颠覆式改造。再如，有的区域将教育信息化服务整体外包给企业，实现教学支持模式的创新。

五、变革

近 20 年来，以互联网技术为主的信息技术对零售业、新闻出版、娱乐、金融等行业造成了颠覆式的改变。不过，由于教育的对象是人不是物，所以教育是一个非常特殊的领域，信息技术对教育的变革似乎不是那么明显，因此也招致包括乔布斯在内的很多人的质疑。

六、智慧

人们一直梦想计算机可以像人一样思考问题，20 世纪七八十年代，智能导学系统就曾经风靡一时。只不过，随着人工智能技术的暂时性衰落，智能导学系统似乎也陷入了低潮。当前，随着人工智能技术的再度崛起，智慧教育又备受各界关注，许多学校提出要打造智慧校园。黄荣怀教授提出要以智慧学习环境重塑校园学习生态。所谓智慧学习环境是一种能感知学习情景、识别学习者特征、提供合适的学习资源与便利的互动工具、自动记录学习过程和评测学习成果，以促进学习者有效学习的学习场所或活动空间。祝智庭教授则认为，智慧教育的真谛就是通过利用先进信息技术构建智能化环境，让师生能够施展灵巧的教与学方法，为学习者提供最适宜的个性化服务，使其由不能变为可能，由小能变为大能，从而培养具有良好的价值取向、较高的思维品质和较强的思维能力的人才。

七、区域

过去教育信息化主要是以学校为单位开展的，但是随着信息技术的快速发展，技术越来越复杂，用户却希望使用越来越简单，在这样的情况下，原来的小手工作坊式的管理方式就不可行了，基于云计算技术的区域教育信息化整体推进成了时代的需求。

推进区域教育信息化，需要依据四大原则：关键在建设，根本在课堂，重点在应用，突破在创新。也就是说，区域要进行顶层设计，在信息技术的大背景下整体考虑地区教育事业的发展，并从政策、经费、人员等方面全力推动。仍然需要将课堂教学信息化作为重点，并要考虑教师用户在应用中的刚性需求，抓住痛点，实现创新。

第二节　对未来职业教育的影响与展望

教育信息化是一个循序渐进、不断发展的过程。早在 20 世纪 30 年代，电化教育这个名词在我国出现，教育界开始尝试结合传统教育媒体与投影、幻灯、录音、录像、计算机等现代化的教育媒体传递教育信息。信息化教育是我国电化教育发展的新形态。电化教育的前期发展也为信息化教育的发展奠定了坚实的基础。

信息化教育的时代已经来临，大力推进信息化教育不仅是社会发展的需要，更是学校发展和师生发展的需要。教育必须通过信息化来实现教育现代化。信息化技术在教育中的角色发生了转变：从学习对象转变为学习工具，从传递教学信息的媒体转变为学习的资源和环境。借助信息化教育技术，引进先进的教育理念、教育资源、教育手段；提高教师素质，提高课堂效率，提高教育质量；拓宽学生视野，增强学生适应未来的能力：这是教育发展的必然趋势。

一、对未来职业教育的影响

(一)传统教育模式的变革

基于现代信息技术产生了许多新的教育模式,传统的以课堂和教师为中心的"面对面"的教育模式受到全面挑战。这些新产生的教育模式大都秉持这样一种理念:更强调以学生为中心,更强调灵活性与方便性,更强调学习的主动性,等等。但它的缺点也显而易见:缺少面对面的交流,学习环境完全陌生,容易造成学习上的困难,等等。因此,未来的教育模式应该是传统教学模式和应新信息技术而生的新教学模式并存。目前已提出的、并且在现实中已经运用的各式各样的、基于网络的新教育模式主要有 e-学习(e-learning)、e-学院(e-college)、e-大学(e-university)、e-学位(e-degree)等。这些模式在现代教育中日益发挥更大的作用,但是这些模式如何相互结合,进而实现优势互补、相辅相成,是促进教育信息化发展的重要研究方向。

教育信息化使以教师为中心、面对面、"黑板＋粉笔"为主导的正规教育中的传统教学模式受到很大的冲击。首先,信息技术进入传统的课堂,多媒体、网络等新技术手段取代了"黑板＋粉笔"的形式,使课堂教学更加生动、有效。除此之外,教育信息化还带来大量网络教学的新模式,如网站教学、视频会议式互动教学、网络辅助教学、资源型学习、兴趣学习、互动学习等。这些新的教学模式与传统的教学模式相比,不仅形式新颖,还引进了许多新的教学理念,如强调以学生为中心、更加注重发挥学生的主动性。信息化不仅从各个方面影响了学校的正规教育,同时使函授、业余教育等传统的远程教育,无论是从内容上还是从形式上都发生了巨大的改变。基于网络的现代远程教育正在对普及各个层次教育、提高国民素质以及实现终身学习等方面产生重大的影响。

教育模式变革的重要特征之一在于课堂环境的变化。软硬件的投入、使用是实现教育信息化的重要基础和前提。课堂环境影响教师的教学模式、学生的课堂参与。

使用 office 软件进行备课、上课已经是多数教师习以为常的行为。多媒体辅助教学也早已进入课堂,越来越多的智慧教室在各地不断出现。我们充满智慧的教师群体,甚至能将微信、弹幕这些贴近生活的小工具利用到课堂当中,碰撞出有趣的火花。

黑板、粉笔、教师讲课、学生听课是传统课堂环境的典型特征。教师在课堂上与学生面对面地交流互动，是典型、也是非常重要的师生互动方式。但是不少教师会遇到这样的问题：学生的课堂作品难以及时分享；课堂时间有限，教师只能请少数几位学生发言，部分学生有自己的想法，但是不敢发言，大部分学生的思考可能因此被埋没，教师也无法了解所有学生的情况。

提高课堂互动性，也是信息化教育教学工具的优势。虽然课堂交流对于教学具有重要意义，但目前在课堂教学中存在较大问题，半数以上学生反映在课堂中不喜欢与教师对话交流。教育信息化技术可以用于促进课堂教学中的师生互动，提高学生的学习积极性。

个性化教学是现代教育发展的趋势之一。因材施教的教育理念自古以来就受到关注。每个学生都有不同的学习习惯，知识的掌握情况也不同。因此，对所有学生采用统一的教育方式显然无法满足学生的个性化学习需求。但是，为不同学生提供不同的教育对于教师来说也是个难题。为了满足个性化教学要求，一方面，教师需要了解不同的学生。观察、评价学生是教师工作的重要部分，但是，对于部分教师来说，即使有三头六臂，也难以挤出时间对每个学生的大量行为进行记录、分析。另一方面，个性化教学的关键是教师根据对学生的了解提供有针对性的教学方案。巨大的工作量与有限的时间相矛盾，教师即使能够认同因材施教理念，然而实施起来却是心有余而力不足。

教育信息化希望将信息技术与教育融合，解决教师教育教学过程中的困难。教育信息化同样可以为个性化教学方式提供有力支持。针对教师难以全面了解学生的问题，在使用数字化平台或者在智慧学习环境中，学生的各类行为数据可以被记录，学生的习惯、特征、状态、进展等信息也会被自动生成。这些反馈数据是教师根据学生个性提供有针对性的教学的基础。

传统教学过程中，教师多通过课本、板书或者有限的实物、模型传递知识，教学资源的丰富性和有效性都难以保障。现如今，多媒体教学早已经走入许多教师的日常，教师可以恰当地运用多媒体手段，如图片、音频、视频等媒介使教学内容更为具体化、形象化，调动学生的多种感官，更有效地传达信息，同时激发学生的学习兴趣。

教育游戏是在现代教育理论和学习理论的指导下，能够培养学习者认知能力和策略、形成学习情感的具有教育意义的游戏。它通过趣味性、竞争性、参与性促进学习者学习科学文化知识，形成能力，最终达到教育目的。游戏化的教学方式围绕明确的教学目标,以游戏化的形式呈现。游戏化的教学方式有以下优点。第一,体验真实。创设了丰富的环境,将学生置于与实际相关的场景当中,将知识与实际应用相结合。课堂教学不再是说教,而是转变为学生在虚拟场景或实际场景中的真实体验。第二,寓学于乐。以游戏的形式进行学习,更具趣味性,能够调动学生参与学习的积极性。学习、练习不再只是面对着繁多抽象的题目,使抽象、枯燥的内容变得有趣。第三,形象生动。相对于传统课本中平面静态的画面,游戏中的场景更为形象生动,通过丰富生动的画面或者实物的运作,能更好地吸引学生的注意力。

(二)教学内容的改变

教育信息化同样可以帮助优化教学内容。教育信息技术可以突破教学资源的来源及组织形式上的局限,为实现创新精神培养等新的教学目标提供支持。教育信息化对教学内容的影响体现在教学内容的丰富性、先进性、针对性以及培养目标实现等方面。

1.教学内容更丰富、全面

教育信息化可以打破资源之间的封闭状态与地域限制,提供一个信息丰富、知识全面的学习环境。教材不再是学习内容和知识的唯一来源。利用互联网,教师可以通过电子书籍、软件等多种方式获取丰富的资源,根据教学目标对现有资源进行加工、整理、重组,从而为学生提供更加丰富、全面的教学内容。教学内容的全面不但体现在信息含量的丰富上,还体现在对信息的全面感知上。基于信息技术,教师可以综合使用文字、图像、声音、动画、视频、实际操作等多种方式来直观、生动地展示枯燥的理论知识,帮助学生全方位了解学习对象,帮助教师将书本以外的知识带入课堂。

2.教学内容更先进、更有针对性

当今世界的发展速度远远超过传统教学内容的更新速度。传统的纸质教材具有系统性等优点,但是更新周期较长且内容有限。在信息技术出现以前,教师也无法通过信息化渠道及时获得丰富的资源。传统的教学观念、教材形式不利于教师为学生提供先进的、有针对性的教学内容。而教育信息化带来的教学环境、教学信息处理方式、教材形式的变化,为教学内容及时更新提供了支持。

一方面,在信息技术的支持下,教师可以围绕教学目标及时获取相关知识的最新进展、最新案例,以多种形式为学生补充新的教学内容。在技术支持下,教师可以更灵活、便捷地获取教学资源。区别于传统教学内容固定、统一的特点，教师可以根据自己学生的情况选择、组织、整合教学资源，提供更有针对性的教学内容。

另一方面，信息化使教材、教学资源形式变得多样化，加快了教学资源的更新速度。例如，教师通过专业工具甚至手机就可以快速录制视频，调整、补充教学内容。

3. 教学内容更注重培养创新精神、创造能力

教育信息化有助于激发学生的创新精神，发挥创新能力，为实现培养学生创新精神、创造能力的教学目标提供了支持。教育信息化使教学内容更加注重培养学生的创新精神与创造能力。教育信息化为教学提供了丰富的资源，需要具备良好的信息获取能力，才能利用好这些资源。教师自身要养成学习的能力，同时，除了教授学生相关的知识之外，还应教授学生养成获取信息的能力。教育信息技术拉近了学生与世界的距离，学生可以更快速地获取大量资源，借鉴前人经验，与同伴沟通研究，从而获得更多创新创造的机会。多个领域、类型信息的接受、融合更有助于激发学生的创新思维。此外，借助信息化工具，学生能够更好地进行实践操作，发挥其创造能力。

(三)教学媒体的变革

在传统的教学中，教师仅仅依靠课本、粉笔、黑板进行教学。多媒体技术出现后，教师也只是播放简单的幻灯片进行教学，教学媒体较为单一。

教育信息化发展以来，教学媒体逐渐丰富起来。根据不同的标准，媒体的分类方法也多种多样。按技术特性来分，有电光投影媒体、电声录音媒体、电视录像媒体、电算智能媒体及电信传播媒体；按信息传播方向来分，可分为单向传播媒体、双向传播媒体；按信息的呈现形态、媒体对受信者感官功能刺激、交互性来分，可分为视觉媒体、听觉媒体、视听觉媒体、交互媒体、多媒体教学系统等类型。下面对这几种媒体进行简单介绍。

1. 视觉媒体

视觉媒体是指发出的信息主要作用于人的视觉器官的媒体。它包括投影媒体和非投影媒体。非投影视觉媒体包括粉笔、黑板、印刷材料（书籍、讲义、打印或书写的资料）、图片、图示和图解材料、实物与模型教具；投影视觉媒体包括幻灯片、投影片、实物投影（又称视频展台、实物展示台）等。视觉媒体能营造氛

围,烘托气氛,调动情感参与,材料丰富易制,可控性强。但语言的表现抽象性强,难定合适的步调,是以时间线索的固定顺序来表现信息的。

2.听觉媒体

听觉媒体是指发出的信息主要作用于人的听觉器官的媒体。听觉媒体包括卫星广播、录音笔/机、CD 及 CD 唱机传声器与扬声器、语言实验室(有听音型、听说型、听说对比型和视听型四种类型)。传声器,俗称话筒、麦克风(Microphone)、微音器,是一种将声信号转换为电信号的能量转换器件。传声器的好坏将直接影响声音的质量。扬声器是一种把电信号转变为声信号的换能器件,扬声器的性能优劣对音质的好坏影响很大。听觉媒体善于提供静止、放大的视觉画面,利于学生观察事物的细节,能突出事物的外部形态及特征,可辅助创设问题情境,材料丰富易制,可控性强,但难于表现连续运动变化的过程。

3.视听觉媒体

视听觉媒体是指发出的信息同时作用于人的视觉器官和听觉器官的媒体。视听觉媒体集视觉媒体和听觉媒体的功能于一身,表现手法丰富多样,不受时空限制。通过有声的、活动的视觉图像生动、直观地传递教育教学信息,易于引起学习者的注意力和兴趣,有利于提高教学效率和效果。视听觉媒体可分为电影、电视、摄录像机等。视听觉媒体善于呈现连续的视听觉信息,有利于展示事物发展的全过程,有利于呈现标准的运动和动作规范,便于模仿;能看到实验中不能直接看到的事物,表现力强,容易调动学生的兴趣,有利于建立共同经验。但是教材制作周期较长,对制作技术有一定的要求且为单向传播媒体,画面元素较多,学生不容易把注意力集中在教师想重点表达的内容上。

4.交互媒体

交互媒体是指能够在媒体与人之间构建起信息传递的双向通道,使双方能够相互作用、相互影响的媒体,包括教学模拟机、教学游戏机、计算机辅助教学系统(CAI)等。常见的交互媒体有程序教学媒体和计算机媒体。由于计算机媒体的交互性能强大,所以在教学中被广泛应用。它可以存储丰富的教学信息,而且能够快速地进行处理、检索和提取,提高师生对学习资源的利用效率;能呈现多种信息形态,动静结合,表现力强,交互性水平较高,能创设学生进行自主学习的环境,有利于调动学生参与课堂的积极性;可以有效激发学生的学习动机,保持学习积极性;可以记录和分析学生进步的情况,并利用这些信息来调整教学,及时满足学习者的需要;能实现异地的实时交互,内容设计方式便于学生发挥联想、跳跃式的思维,能创设逼真的环境,适用于各种学习方式。不过此类媒体成本高,设备更新快,容易造成使用与维护的困难;适合教学用的软件太少且质量有待提高,这需要投入很多的人力、智力、财力和时间;较难实现大部分的情感、动作技能、交流技能方面的教学目标;操作技能需通过培训才能掌握,系统维护工作量大。

5.多媒体教学系统

多媒体教学系统是指多种媒体组合在一起开展教与学的活动的系统。多媒体教学系统可以从狭义和广义上分类。从狭义上讲,多媒体教学系统就是拥有多媒体功能的计算机教学系统;从广义上讲,多媒体教学系统就是集电话、电视、投影、计算机、网络等于一体的多种媒体综合化教学系统。多媒体教学系统具有多种特性:直观性,能突破视觉的限制,多角度地观察对象,并能够突出要点,有助于概念的理解和方法的掌握;生动性,图文声像并茂,能多角度调动学生的情绪、注意力和兴趣;动态性,有利于反映概念及过程,能有效地突破教学难点;交互性,使学生有更多的参与机会,学习主动性更强,创造反思的环境,有利于学生形成新的认知结构;扩展性,通过多媒体实验实现了对普通实验的扩充,并通过对真实情境的再现和模拟培养学生的探索、创造能力;可重复性,有利于突破教学中的难点,并克服遗忘的缺点;有针对性,使针对不同层次学生进行教学成为可能;信息量大,容量大,节约了空间和时间,提高了教学效率。但过多依赖多媒体教学会使师生之间失去互动性,难以发挥教师在课堂上的主导作用和学生的主体作用;多媒体教学信息量大、节奏快,难免重点不突出;劣质多媒体课件和不必要课件的产生易使学生产生大脑疲劳而达不到预期的教学效果;以计算机为中心,教师手不离鼠标,学生眼不离屏幕,不利于师生的身体健康。

(四)数字教育资源共享

教育资源是指能够支持教育教学活动顺利开展的各种条件的总和,包括教育环境资源、教育人力资源和教育信息资源等。数字教育资源主要是指经过数字化处理,可以在多媒体计算机及网络环境下运行的教育信息资源,是对教学素材、多媒体课件、主题学习资源包、电子书、专题网站等各类与教育教学内容相关的数字化信息资源的统称。

数字教育资源除具备一般教育信息资源的特点外,还具有处理技术数字化、呈现方式多样化、传输方式网络化、更新速度实时化、检索方式智能化的特点。

1. 处理技术数字化

数字化处理技术将声音、文本、图形、图像、动画等音视频信号经过转换器抽样量化,使其由模拟信号转换成数字信号。数字信号的可靠性远比模拟信号强,对它进行纠错处理也容易实现。经过数字化处理的信息资源在编辑、转换、传输和保存等方面为使用者提供了更大的便利。

2. 呈现方式多样化

与传统的纯文字或图片处理信息的方式相比,利用多媒体计算机技术存储、传输、处理多种媒体形成的教学资源更加丰富多彩。

3. 传输方式网络化

经过数字化处理的教育资源可以通过网络实现快速远程传输,学习者可以在异地任何一台能上网的计算机上获取自己需要的信息资源,显著增强了教育信息资源获取的开放性。

4. 更新速度实时化

数字教育资源采取了数字化处理方式,使人们对原有资源进行结构调整和内容增删变得非常容易。此外,由于数字教育资源通过互联网或电子光盘等形式传输,使得信息的更新速度与传统出版方式相比显著提高,几乎实现了信息的实时更新。

5. 检索方式智能化

数字教育资源采取数字化处理技术对各类教育信息资源进行了统一的处理和存储,结合现有多媒体数据库技术和搜索引擎技术可以快速、准确地检索到有效的教育资源。还可以利用智能代理技术实现专题资源的动态检索和推送,使资源的获取变得十分容易。

教育信息化提供的另一个重要机遇是数字教育资源的共享与利用,这一点也将全面而深刻地改变我国整个教育的面貌。特别是自 20 世纪因特网出现以后,教育资源共享已经实现国际化,我们更要顺应这个历史潮流。从教学的角度看,通过网络资源共享,我们有可能享用最先进的教学内容和教学方法,真正实现国际化的远程教学。网络技术发展使教学资源共享得以实现,我们有望在较短的时间里缩短我国与先进国家的差距,同时也能够缩短我国东西部地区间的差距。对于高等教育来说,数字图书馆、虚拟实验室、电子资源库等多种平台的运用,以及各种资源的共享,将把高校及科研院所的科学研究结合起来,促进对本科生及硕士生和博士生等高层次人才的培养,可以较快地缩短我国与发达国家之间的差距。因此,数字教育资源的建设与利用是我国高校信息化面临的重要课题。

(五)教育管理模式改革

信息化不仅影响学校的教学与科研活动,引起传统教学、科研的巨大变化,同时也会对学校现行的运行体系与管理机制提出挑战,推动它们的变革。推动这种变革的动力来自两个方面:一个是信息化带来传统教学、科研模式的变化,需要新的管理机制;另一个是以信息技术为手段的校务管理需要新的机制,即需要一个虚拟的数字化校园来支撑。虚拟数字校园的基础建设也是学校信息化建设的重要组成部分。

各学校应制定基础信息管理要求,加快学校管理信息化进程,促进学校管理标准化、规范化。政府要推进教育管理信息化,积累基础资料·掌握总体状况,加强动态监测,提高管理效率。同时要整合各级各类教育管理资源,搭建国家教育管理公共服务平台,为宏观决策提供科学依据,为社会公众提供公共教育信息,不断提高教育管理现代化水平。

(六)教育技术变革

信息技术的发展促进了教育信息化的发展,并起到了加速的作用。在信息技术和网络普及的时代,教育也随着社会和新兴媒体的出现而发生变革,教育媒体、教育观念和教育形式等方面都在发生变化,教育技术已全面地渗透到教育的各个领域,并成为人类获取知识的基本手段和方式。当然,现代教育技术也发生了巨大的变化,其正沿着普及化、网络化、智能化、虚拟化和系统化的方向发展。

1.教育技术应用普及化

在信息技术飞速发展的 21 世纪,以教育信息化推动教育高质量发展,以教育信息化引领教育现代化,是教育发展的新趋势。现代教育技术的普及与均衡,将是未来教育中不可缺少的部分。在我国部分地区,教师的教育技术总体素质较为落后,教师队伍的素质有待提高,教师的教育技术能力有待加强,现代教育对教育者也提出了必须应用现代化教育技术的要求,因此我们必须加快教育技术普及与均衡的步伐。

2. 教育知识传播网络化

从古至今,信息的交流都非常重要,经历了从远古时代的肢体语言交流,到古代鸿雁、飞鸽、烽火、驿站的信息传播,再到现在以互联网为主要载体的信息传播过程。随着信息技术的发展,教育信息的传播方式也紧跟其步伐向网络化方向发展。网上无国界,与互联网连接的主机都是平等的,互联网打破了地域的界限,具有极为广泛的传播面。

3. 教育软件智能化

人工智能(Artificial Intelligence,AI)是 20 世纪 50 年代中期兴起的一门新兴边缘科学,是计算机科学的一个分支,是研究、开发用于模拟、延伸和扩展人的智能的理论、方法、技术及应用系统的一门新的技术科学。人工智能技术在教育软件中广泛应用,能极大地增加教育软件的内容,并提高教育软件的教育能力。人工智能技术可以改变教育软件的交互模式,大大提高教育软件的综合能力,使软件智能化、人性化,以满足教学中的各种交互需求。人工智能的记忆学习、逻辑推理和归纳能力,使软件能根据学生对某些问题的回答,准确地对学生在该领域知识的学习做出详细的分析、评价,能及时发现学生的一些问题,并及时提供反馈。

4. 教育环境虚拟化

虚拟现实(Virtual Reality,VR)是近年来出现的高新技术,也称灵境技术或人工环境。虚拟现实是利用计算机模拟产生一个三维空间的虚拟世界,提供给使用者关于视觉、听觉、触觉等感官的模拟,让使用者如同身临其境一般,可以及时、没有限制地观察三维空间内的事物。

虚拟现实技术应用于教育教学中,能模拟很多的虚拟场景,营造亦幻亦真的课堂情境,且内容丰富多彩,能吸引学生的注意力,并能起到拓宽思维的作用,在这种教学环境下,学生的学习积极性能得到很大提高,产生很好的教学效果。

总之,在未来教育技术学科发展过程中,教育技术作为交叉学科的特点将日益突出,学校将更重视教育技术实践性和支持性研究,更重视学习活动的设计与支持。

二、教育信息化创新的发展战略

(一)及时更新教育观念

教育现代化首先是教育观念的现代化,任何体制创新、制度创新都取决于观念更新。因此,促进广大教育工作者转变观念是教育信息化的首要任务。观念问题已经成为制约我国教育信息化快速发展的主要障碍,面对快速发展的信息化浪潮,无论是教育主管部门领导,还是校长、教师、学生,都应在教育观念上进行革新。

教育信息化的过程不能简单地认为是信息技术的引入过程,不能简单地等同于计算机化或网络化。教育信息化的过程是教育思想、教育观念转变的过程,是以信息的观点对知识传授过程进行系统分析、认识的过程。只有在这样的基础上指导信息技术在教育领域的应用,才是我们所需要的教育信息化。

我国教育信息化的基础设施建设已经初具规模,特别是经济比较发达地区的教育信息化的基础设施建设相对比较完备,但也普遍存在着"重建设、轻应用"的现象。对教师的培训、内部资源配置、应用平台的建设等的重视程度不够,这就要求各级教育行政部门要加强领导和协调,深刻认识信息社会给教育带来的巨大影响,及早设立教育信息化的统筹规划和管理部门。同时也要求学校领导转变观念,不能认为教育信息化是可有可无、可早可晚的。学校领导要积极引导,为教育信息化创造必要的条件,加强教师培训,鼓励教师利用现有设施,充分应用信息化手段进行教学和科研工作。

具有信息时代教育观念的教师,应从传统意义上的知识的传授者转变为学习的组织者和协调者,即对学生的学习活动进行指导、计划、组织和协调,注重培养学生自我学习及获取信息和知识的能力。过去培养学生自我学习的能力强调利用好两个工具,即字典和图书馆。今后要增加一个工具——网络,而且应更多地强调通过网络学习。

对学生而言,教育信息化肯定不能等同于简单的计算机加互联网的概念,学生应在教师的指导下,将互联网变成自觉学习、自我发现、自主探索的工具。这里就有一个观念问题,不能仅认为只有进入课堂才是学习、只有教师讲的才是知识、只有考分才说明能力,要全面、正确地理解教育信息化。

(二)加强教育信息化教师队伍建设

在信息化建设过程中,不仅要重视硬件建设,更要在教学过程中利用现代技术设备提高教学的效率。当前,传统的以知识为中心、以教师为中心的传授型教学结构仍占主导地位,虽然多媒体计算机、计算机网络、多媒体投影仪等新技术设备逐渐进入课堂,但能熟练应用这些设备的教师比例仅占10%左右,很多教师对新型教育结构和模式知之不多。因此,教师队伍建设是教育信息化建设的重点。

教育信息化首先是人的信息化,因此师资队伍培训就成为教育信息化的首要任务。互联网给教育带来的巨大变化之一就是,人人是教师,人人是学生。从此以后,在教与学的诉求对象上不再有严格的界限,只要你有真知灼见,无论你处于什么样的社会地位,都可以做老师。学习的形式也不再局限于授课、学习、交作业、考试等。可以是听讲,可以是讨论,可以是辩论,可以是协作。不过要达到这样的目标,就必须依赖互联网提供的学习平台与工具。

教育信息化首先要以计算机的普及教育和计算机辅助教学为重点,致力于培养教师和学生应用计算机等信息技术的能力,以提高教育的质量和效益。在实施信息化的过程中,要把师资队伍培训作为重点,放在重要位置。同时要注意纠正重硬件、轻软件的倾向。

师资队伍培训是实施教育信息化工程的重中之重,拥有大批掌握并能应用现代信息技术的教师是推动教育信息化的关键。其作用主要有二:一是教师把信息化技术渗透到日常工作中,用信息化手段进行教学活动,提高教学效益;二是教会学生使用先进的信息化手段学习,并启发他们利用这种先进的技术深入学习的各个方面。因此,首先要对学校教师、技术与管理及行政人员进行不同层次的全员培训,注重提高教师实际操作计算机的水平,培养教师自己设计制作课件的能力及信息搜索能力。只有教师把互联网技术渗透到日常教学中,才能全面体现教育信息化。

在一定层面上讲,首先要对教师进行教育观念转变及心理疏导方面的培训,使他们真正认识到教育信息化对国家、对学生、对教师职业的积极意义。其次要对全体教师进行计算机操作能力的全员培训,使每位教师都能进行单机教学和网络教学。在国家层面,则需要把掌握计算机的基本操作作为现代合格教师的强制性标准。

(三)完善网络教学系统

1.教学平台建设

传统的黑板加粉笔的教学手段已无法适应当前大信息量的教学内容需求，虽然各高校纷纷设立了多媒体教室，但是独立的多媒体教室并没有充分利用网络资源，仍然不能摆脱以教师讲课为主的学习模式。为适应社会经济和科技发展对高素质创造型人才的需求，必须创造一个在教师指导下的学生自主式学习的环境。

当今，通信、网络和计算机技术的发展为教育发展提供了技术支持，迅猛发展的现代教育技术提供了教学模式改革所必需的技术手段，这种新的技术手段就是网络教学平台。从广义上讲，网络教学平台是指将网络技术作为构成新型学习环境的有机因素，充分体现学习者的主体地位。不管哪种定义，网络教学平台不排斥传统的教学方式，它的教学活动组织要在传统的课堂、网络等方面同时展开。网络教学平台发展的意义在于能够打破封闭的教育环境，进而建立一种开放的教学与学习环境。它改变了那种以教师为中心的教育观念，实现了以学生为中心，使教学成为在教师引导下交互式的双向活动。教师的角色由原来处于中心地位的知识的解说员、传授者转变为学生学习的指导者、帮助者、促进者。学生的学习在网络环境下摆脱了传统教学中以教师、教材、课堂为主要渠道接受知识的模式，学生可以在多元化的学习环境中获取更多更有用的知识。

高校可利用传媒与通信技术构建网络教学平台，开展网络教学活动，要有开路电视远程教育系统，互联网教育系统，以卫星传输为主、互联网传输为辅的教育系统，双向混合光纤同轴电缆(HFC)有线电视网络现代远程教育系统，视频会议系统等多种形式。

2.教学资源库建设

教学资源是指支持教学的相关资源，大致分为教材、支持系统和环境，甚至涵盖一切有助于教学活动的任何事物。教学资源数据库是教学资源库的核心。它分为三个层次，最底层是媒体素材库及索引库，在此基础上，还有积件库、课件库、题库、案例库及相应的索引库，最上层是网络课程库和索引库。

教师将自己的教学经验和学生的学习过程(如学生的电子作品集、教师和学生的讨论过程)充实到资源库中，这些内容可以随着时间的推移不断地更新，进而使得资源库不断更新，建设成有特色的、个性化的、动态的教学资源库。

3.网络课件开发

网络课件的质量不仅取决于制作课件的技术水平,还取决于教学内容的质量、学习内容的表现形式、学习方法的合理运用、学习策略的具体实施等因素。同时,开发网络课件需要运用教育学、心理学、计算机科学、美学等方面的知识。因此,最好进行合作开发,以提高开发速度和开发质量。

4.多媒体课件开发

目前,教育正在走向信息化、现代化。多媒体技术、网络技术已经为越来越多的学校所采用,成为教育教学的支撑技术。教育技术的现代化正在改变着教学手段、教学方法,势必带来教学内容、教学观念的更新,教育教学的改革势在必行。多媒体课件的开发对于教育教学改革起到了很大的推动作用。

多媒体课件是一种根据教学目标设置的、表现特定教学内容和反映一定教学策略的计算机教学程序。它可以用来贮存、传递和处理教学信息,能让学生进行交互操作,并对学生的学习做出评价。

多媒体课件的开发与一般计算机应用软件的开发过程大致相同,都要运用软件工程的技术和方法。但由于多媒体课件是面向教学过程的,因此,多媒体课件的开发并不完全等同于一般计算机应用软件的开发,需要充分考虑多媒体课件的特点、教学的应用情况,并在现代教育思想和教育理论的指导下,遵照科学的流程,才能使开发的多媒体课件符合教学规律,取得良好的教学效果。另外,多媒体课件一般情况下是直接运行在因特网或内网上的,所以必须考虑其在低带宽下运行的流畅性,常用的解决方法是采用"流式传输"。

5.精品课程建设

《教育部关于启动高等学校教学质量与教学改革工程精品课程建设工作的通知》发布之后,各省、自治区、直辖市教育行政主管部门响应上级号召,也相继下发了通知,提出了建设精品课程的规划和措施。各高校更应该迅速行动起来,启动本校的精品课程建设。

(四)丰富信息化教学资源

信息与资源是教育信息化的关键,尽管我国教育网络的建设呈现出蓬勃发展的良好态势,但与发达国家相比,仍有很大差距,仍存在"信息孤岛"现象,必须进行全面统筹,建设全国统一的教育资源综合服务平台。

从构建真正意义上的网络教育体系的角度来看,还有很多亟待解决的问题,特别是网上教育资源建设问题。信息和教育资源建设是教育信息化的核心。教育信息化过程中的信息资源组织和有效传播可谓重点工程。

信息技术的发展特别是网络技术的飞速发展,使资源能够最大限度地被应用,但前提条件是资源数据的基本规范。有了规范的标准,才能够最大范围地实现资源共享,从而提升资源的价值。这对于幅员辽阔、人口众多的中国更具有深刻的意义,也为我国和世界各国交流、沟通提供了物质基础。各学校的教育教学方式多样,内容丰富,具有各自的特点,但各类教学在一定程度上也具有同一性。大多数学生属于成长过程中的未成年人,他们对客观世界的认知规律也有一定的同一特性。在把握同一性特点的基础上实现规范性,有利于资源内容多样性建设。

作为关系到教育事业的发展前景和方向的工程,基础教育资源库建设要站在一定的高度上和学科发展的前沿看待问题、解决问题,有相对长远的目光和规划,使国家基础教育资源库建设适应长远发展的需求。这是资源库的潜力所在。在资源的检索使用方式方面,也要有前瞻性的考虑。检索结果和方式应体现方便、实用和简练的特点,尽可能满足并适应大多数学校师生的需求,这样才能提升资源的使用价值。在资源内容建设方面,要不断更新观念,要充分体现新的课程教材改革中所推崇的现代教育思想、教育观念和改革思路,在资源建设上也要变"以教为主"为"以学为主",变"以教师为主"为"以学生为主"。

建设基础教育资源库还应做到以下几点:加强网络教学资源库建设;引进国际优质数字化教学资源;开发网络学习课程;建立数字图书馆和虚拟实验室;建立开放灵活的教育资源公共服务平台,促进优质教育资源普及共享;创新网络教学模式,开展高质量高水平远程学历教育;继续推进远程教育,使各地区师生都能够享受优质教育资源。

强化信息技术应用也是建设基础教育资源库的重要工作。各级学校应提高教师应用信息技术的水平,使他们更新教学观念,改进教学方法,提高教学效果;应鼓励学生利用信息手段主动学习、自主学习,增强他们运用信息技术分析并解决问题的能力。

(五)改善基础设施建设

信息化基础设施建设是信息化应用的基础,因此,我国应围绕不断发展的实际需要不断更新和改善基础设施，力争建设大范围的绿色、高效的信息化环境，满足信息时代的学习者随时随地学习的需求。校园信息化基础设施建设包括校内外的建筑物的无线覆盖，以及校园学习生活服务等数字化平台的完善。由于我国东部地区基础设施建设较为发达，所以东部地区的基础设施建设应转向设备的维护与升级，并逐步将重心转移到信息化应用上；而基础设施建设较为落后的中、西部地区，应继续以建设高度发达的基础设施为目标，特别要加强薄弱学校的信息化基础设施建设，指导薄弱学校健全信息化政策、信息安全等保障制度，渐渐缩小我国因各地区发展不均衡而产生的数字鸿沟。

在党和国家领导人的关心、教育部直接领导和组织、各级教育行政部门大力支持、各级各类学校的广大师生和广大厂商的积极参与下，我国教育信息化的基础设施建设已经初具规模，特别是大学校园网等基础设施建设相对比较完备。各省级教育行政部门是本地区教育局域网络和校园网建设的归口管理部门，要具体制定本地区教育局域网的建设规划，为本地区校园网进入局域网的互联拟定统一的规范和标准。各地教育技术装备部门应在各地教育行政部门的领导下，按指导意见所确定的硬、软件工作范围，分别做好校园网络建设、教学软件开发、信息化教学研究推广及校园网应用的教育培训工作。同时积极规划本地区教育网络特色资源建设，建成后接入国家教育信息化主干网（CERNET）。

在解决了校园通网络的问题后，网络教育资源库也不应重复建设。即便是重点学校也应该意识到名校并不是在每一个方面都优秀，毕竟一个学校的教育资源有限，一个学校对优秀教育资源的整合能力也具有很大的局限性。对各地来说，应针对本地区信息资源状况及学校具体情况，保证网络畅通。从省市和国家层面上，要优选课程课件，开发大量适合各层次需求的课程、节目或软件，放在电视台和大型教育资源网站上，使有需求者都能找到适合自己的学习内容，实现资源共享。对一些边远贫困地区，由于受人才、资源、信息及经费限制，应重点解决优质教育资源信息共享问题，以缩小与东部地区的差异。各学校都要提高参与教育资源建设的积极性，而不是自己搞"小而全"。在课件软件的开发和资源库的建设工作中，要统筹规划，实现资源共享，避免重复浪费。

信息技术对教育发展具有革命性影响，必须予以高度重视。我们要把教育信息化纳入国家信息化发展整体战略，超前部署教育信息网络的建设，着力建成覆盖城乡各级各类学校的数字化教育服务体系，促进教育内容、教学手段和方法现代化;要充分利用优质资源和先进技术,创新运行机制和管理模式,整合现有资源,构建先进、高效、实用的数字化教育基础设施;要加快终端设施普及,推进数字化校园建设,实现多种方式接入互联网;要重点加强农村地区学校的信息基础设施建设,缩小城乡数字化差距;要加快中国教育和科研计算机网、中国教育卫星宽带传输网升级换代;要制定教育信息化基本标准,促进信息系统互联互通。

(六)完善经费保障机制

长期以来,我国教育信息化经费来源存在投资主体单一、投资总额不足等问题,这些问题一直制约着我国教育信息化的建设与发展。因此,我国政府应借鉴韩国的方法,设立教育信息化专项基金,鼓励企业和社会机构积极参与教育信息化投入与经营,形成多渠道、多元化教育信息化经费的投入格局;应强化教育信息化经费管理,建立教育信息化经费投入绩效评估机制。另外,我国经济发展不平衡导致教育发展不均衡,产生区域间、城乡间、校际的数字鸿沟。所以应针对区域特点将投入经费动态分配到各省、自治区、直辖市,并且针对东、中、西部差距和城乡差距等问题,设立专项经费用于改善贫困地区、落后地区教育信息化的建设与发展。同时,对基础教育信息化经费投入绩效进行评估、监控,适当调整信息化经费投入力度与结构。

第十三章 结 论

教育信息化是一项复杂的系统工程,涉及各级各类教育的多个层面,包括基础设施建设、资源开发与应用、标准化、技术研发、人才培养、国际合作等方面工作,需要组织协调各级政府相关部门、各级各类学校、企事业单位、社会团体等方面力量,与时俱进,创新体制机制,才能适应实际需要。

一、教育信息化管理体制不断完善,机制创新是后续发展重点

科学、规范的体制机制是实现教育信息化可持续发展的根本保障。虽然在各级教育行政部门的领导下,教育信息化已经有了长足的发展,但面临新的发展形势,过去的教育行政部门和学校的管理体制呈现出不相适应的现象,突出表现为教育信息化工作的归口管理机构职责不清、条块分割、多头管理。

可喜的是,这一问题已开始受到各级教育行政部门和学校的普遍重视,管理体制机制的改革和机构重组等措施在一定范围内开展并收到实效,全部省级教育行政部门和大多数县市教育行政部门都设立了信息化工作领导小组。但是,在组织保障、队伍保障、经费保障等方面与当前阶段国家教育信息化发展需求还不相适应。具体表现如下:第一,实体的管理协调机构依然缺失;第二,技术支撑机构队伍比较弱小;第三,经费支持特别是常规、持续经费支持不够。在今后一段时间内,进一步理顺教育信息化管理体制、创新发展机制,依然是我国教育信息化发展的重要主题之一。

二、企业合作机制不断深化,产业支持能力依然有待加强

目前,我国的教育信息化相关服务产业已经初具规模。以教育软件为例,教育软件研发与营销已成为我国软件产业的重要组成部分。然而,产业发展仍面临诸多问题。在软件类型上,多数厂商热衷于开发技术门槛较低的学校信息化管理和服务软件,与学科教学深度融合的高水平学科教学软件和高质量教学资源、工具相对缺乏,多数企业技术背景较为深厚,教育背景相对不足,低水平

重复开发较多,产品同质化严重。企业与政府、学校的深度合作相对欠缺,技术和教育"两张皮"的情况比较普遍,产业支持能力总体较低。

三、教育信息化研究支持力量有所发展,协同创新机制亟待形成

相比于其他领域,我国教育信息化研究支持力量的建设虽起步较晚,但发展较快,目前已经依托高校和研究机构建立了一批研究基地,为教育信息化发展提供了一定支持。但是,由于缺乏统一规划和引导,现有研究力量总体较弱,研究基地数量少,研究团队分散,相比于我国教育信息化发展的实际需求来说还很不够。因此,充分整合高校、研究机构和企业的科研资源,面向我国教育发展实际需求,联合多方力量开展协同创新,是后续须关注的发展重点。

总的来说,我国教育信息化在管理体制、运行机制、发展模式等重大思路方面还需深入研究和持续探索,保障教育信息化科学发展的政策环境和体制机制尚未形成,企业合作机制和研究支持机制发展有待完善,还需进一步通过体制改革和机制创新推动形成教育信息化事业全面、协调、可持续发展的新局面。

参考文献

［1］吴一鸣.高职院校科研创新能力的内涵解构与提升策略［J］.教育与职业，2024(5):60-67.

［2］马慧.创新驱动发展战略背景下高职院校教师科研创新能力提升面临的问题及对策研究［J］.中国多媒体与网络教学学报，2024(5):139-142.

［3］胥郁，曾娅妮.高职院校跨专业组织科研创新能力及其提升策略:基于18所高职院校的实证调研分析［J］.中国职业技术教育，2024(1):89-97.

［4］刘威.论信息时代高校科研人员的信息素养［J］.继续教育研究，2011(6):28-29.

［5］黄朝广.论职业教育高质量发展对教师的能力结构要求［J］.湖北工业职业技术学院学报，2022，35(2):6-9.

［6］杨英.以信息化推动职业教育教学现代化的中国探索研究［D］.徐州:江苏师范大学，2018.

［7］马慧.宁夏"互联网＋教育"示范区建设背景下职业院校教师信息化教学能力现状及提升策略研究［J］.中国新通信，2022，24(5):136-139.

［8］马慧.网络协作教学法研究综述［J］.教育与职业，2015(9):105-107.

［9］高润卿，高玮.对科研项目全过程信息化管理的思考与建议［J］.中国信息化，2024(5):88-89.

［10］毛晓菊.信息化背景下职业院校科教融合协同育人路径探索［J］.文教资料，2023(24):149-151.

［11］于瑶.高校科研管理信息化建设策略［J］.公关世界，2023(23):46-48.

［12］邵星源，鲁韦韦.高校科研管理信息化平台建设探究［J］.中国教育学刊，2023(5):158.

［13］李亚，乔启成，徐潇，等.信息化背景下高职院校科研管理水平提升策略研究［J］.江苏教育研究，2021(Z3):105-108.

［14］谢雨婷，邓飞，余琳.高校信息化应用科研课题管理实践分析研究［J］.中国管理信息化，2021，24(4):217-218.